交通运输行业高层次人才培养项目著作书系

低碳交通转型之路

李晔 编著

人民交通出版社股份有限公司

北京

内 容 提 要

本书对低碳交通这一复杂体系进行了全面、深入的研究。全书首先研究了交通碳排放的定量测算和治理机制,其次进一步探索了低碳导向下的公共交通和慢行交通体系发展、货运网络规划设计以及交通基础设施全生命周期的碳排放测算与治理,最后着重介绍了新能源汽车和其他新兴技术在低碳交通转型中的发展概况以及未来应用前景。

本书适用于从事交通政策决策、城市和交通规划、环境科学研究、交通工程研究的人员,以及高等教育和研究机构的教职人员和学生。

图书在版编目(CIP)数据

低碳交通转型之路 / 李晔编著. — 北京:人民交通出版社股份有限公司, 2023.10
ISBN 978-7-114-19001-8

Ⅰ.①低… Ⅱ.①李… Ⅲ.①交通运输系统—节能—研究 Ⅳ.①U491.2

中国国家版本馆 CIP 数据核字(2023)第 183483 号

Ditan Jiaotong Zhuanxing zhi Lu

书　名:	**低碳交通转型之路**
著 作 者:	李　晔
责任编辑:	牛家鸣　潘艳霞
责任校对:	孙国靖　卢　弦
责任印制:	张　凯
出版发行:	人民交通出版社股份有限公司
地　　址:	(100011)北京市朝阳区安定门外外馆斜街 3 号
网　　址:	http://www.ccpcl.com.cn
销售电话:	(010)59757973
总 经 销:	人民交通出版社股份有限公司发行部
经　　销:	各地新华书店
印　　刷:	北京虎彩文化传播有限公司
开　　本:	787×1092　1/16
印　　张:	13
字　　数:	273 千
版　　次:	2023 年 10 月　第 1 版
印　　次:	2023 年 10 月　第 1 次印刷
书　　号:	ISBN 978-7-114-19001-8
定　　价:	80.00 元

(有印刷、装订质量问题的图书,由本公司负责调换)

交通运输行业
高层次人才培养项目著作书系

编审委员会

主　任：杨传堂

副主任：戴东昌　周海涛　徐　光　王金付

　　　　陈瑞生(常务)

委　员：李良生　李作敏　韩　敏　王先进

　　　　石宝林　关昌余　沙爱民　吴　澎

　　　　杨万枫　张劲泉　张喜刚　郑健龙

　　　　唐伯明　蒋树屏　潘新祥　魏庆朝

　　　　孙　海

书系前言
FOREWORD OF SERIES

进入21世纪以来,党中央、国务院高度重视人才工作,提出人才资源是第一资源的战略思想,先后两次召开全国人才工作会议,围绕人才强国战略实施做出一系列重大决策部署。党的十八大着眼于全面建成小康社会的奋斗目标,提出要进一步深入实践人才强国战略,加快推动我国由人才大国迈向人才强国,将人才工作作为"全面提高党的建设科学化水平"八项任务之一。十八届三中全会强调指出,全面深化改革,需要有力的组织保证和人才支撑。要建立集聚人才体制机制,择天下英才而用之。这些都充分体现了党中央、国务院对人才工作的高度重视,为人才成长发展进一步营造出良好的政策和舆论环境,极大激发了人才干事创业的积极性。

国以才立,业以才兴。面对风云变幻的国际形势,综合国力竞争日趋激烈,我国在全面建成社会主义小康社会的历史进程中机遇和挑战并存,人才作为第一资源的特征和作用日益凸显。只有深入实施人才强国战略,确立国家人才竞争优势,充分发挥人才对国民经济和社会发展的重要支撑作用,才能在国际形势、国内条件深刻变化中赢得主动、赢得优势、赢得未来。

近年来,交通运输行业深入贯彻落实人才强交战略,围绕建设综合交通、智慧交通、绿色交通、平安交通的战略部署和中心任务,加大人才发展体制机制改革与政策创新力度,行业人才工作不断取得新进展,逐步形成了一支专业结构日趋合理、整体素质基本适应的人才队伍,为交通运输事业全面、协调、可持续发展提供了有力的人才保障与智力支持。

"交通青年科技英才"是交通运输行业优秀青年科技人才的代表群体,培养选拔"交通青年科技英才"是交通运输行业实施人才强交战略的"品牌工程"之一,1999年至今已培养选拔282人。他们活跃在科研、生产、教学一线,奋发有为、锐意进取,取得了突出业绩,创造了显著效益,形成了一系列较高水平的科研成果。为加大行业高层次人才培养力度,"十二五"期间,交通运输部设立人才培养专项经费,重点资助包含"交通青年科技英才"在内的高层次人才。

人民交通出版社以服务交通运输行业改革创新、促进交通科技成果推广应用、支持交通行业高端人才发展为目的,配合人才强交战略设立"交通运输行业高层次人才培养项目著作书系"(以下简称"著作书系")。该书系面向包括"交通青年科技英才"在内的交通运输行业高层次人才,旨在为行业人才培养搭建一个学术交流、成果展示和技术积累的平台,是推动加强交通运输人才队伍建设的重要载体,在推动科技创新、技术交流、加强高层次人才培养力度等方面均将起到积极作用。凡在"交通青年科技英才培养项目"和"交通运输部新世纪十百千人才培养项目"申请中获得资助的出版项目,均可列入"著作书系"。对于虽然未列入培养项目,但同样能代表行业水平的著作,经申请、评审后,也可酌情纳入"著作书系"。

高层次人才是创新驱动的核心要素,创新驱动是推动科学发展的不懈动力。希望"著作书系"能够充分发挥服务行业、服务社会、服务国家的积极作用,助力科技创新步伐,促进行业高层次人才特别是中青年人才健康快速成长,为建设综合交通、智慧交通、绿色交通、平安交通做出不懈努力和突出贡献。

交通运输行业高层次人才培养项目
著作书系编审委员会
2014年3月

序

PREFACE

非常开心收到为李晔教授的专著《低碳交通转型之路》作序的邀请。作为国内最早研究低碳交通的学者之一,李晔教授在低碳交通领域已经深耕十余年,开展了大量国际领先水平的学术研究,并完成了二十余项与低碳交通相关的国家及省部级科研项目。李晔教授在本书中梳理与总结了他多年积累的学术研究成果与实践经验,系统性地阐述了交通领域低碳发展的故事。

气候变暖是人类社会共同面临的挑战,控制碳排放是缓解全球气候变暖的关键。交通运输业与工业、建筑业并列为低碳发展的三大重点领域,是全球关注的减排重点部门。本书深入探讨了交通运输领域的低碳转型之路,对于我国碳排放的控制和管理具有深远影响和重大意义。

本书在理论维度构建了"结构性低碳+技术性低碳+政策性低碳"的低碳交通框架体系,包括交通碳排放测算与因素分解方法、低碳导向的货运网络规划方法、交通基础设施全生命周期碳排放评估方法、新能源交通系统规划基础理论与方法研究等,具有创新性、前瞻性和指导性。研究成果不仅促进了低碳交通学科的发展,并在我国多地进行了实际落地应用,为长三角及全国范围内的交通运输行业低碳转型提供有力支撑,并为建设低碳城市做出了突出贡献。

本书的架构及章节设计,具有较强的系统性、逻辑性和可读性。本书从读者认识低碳交通的规律出发,首先介绍了交通体系碳排放的计算方法以及驱动因素,然后分三个方面具体研究和阐述了交通体系低碳转型的关键问题和治理途径,包括公共交通与慢行交通、货运网络、交通基础设施,最后重点介绍了以新能源交通系统为技术核心的未来低碳交通发展路径。各章节内容深入浅出,通过严谨的理论模型与大量的国内外实际案例相结合的方式,使读者充分理解和掌握低碳交通的内涵与发展方向。

随着社会经济的发展及国家相关战略的推进,我相信低碳交通领域将迎来新的发展机遇,并将占据重要地位。我希望该书的出版可以为低碳交通领域科研人员及技术人员带来新的知识、启发新的思考。我期盼该专著可以吸引更多的学者加入低碳交通领域的研究工作中,星星之火,可以燎原,也期盼通过低碳交通转型可以助力我国"双碳"目标的如期实现,并早日建成交通强国。

陈诗一
复旦大学教授,博士生导师
安徽大学党委副书记、常务副校长
2022 年 11 月 15 日

前　言
FOREWORD

面对全球气候变暖和能源危机的双重压力，低碳发展已成为全球共识。交通作为全球碳排放的主要领域，其低碳转型不仅是技术和经济的挑战，更是一个复杂的社会、政治和文化问题。在这一背景下，本书应运而生，旨在为交通系统的低碳转型提供较为全面的指导框架。

本书首先系统性地勾勒了低碳发展的全球背景和当下的紧迫性，为读者建立了一个全方位的理解框架，以把握低碳交通转型的核心议题和重要性。接着全面解析了交通碳排放的测算技术和主要驱动因素，从而为政策制定者提供一套详尽的治理路径。继而，针对不同交通子系统进行了专题研究。在"公共交通与慢行交通"一章中，深入剖析了公共交通和慢行交通在构建低碳城市框架中的独特作用，并分析了在实际推进中的种种挑战和潜在的发展机会。在"低碳导向的货运网络规划设计与决策方法"一章中，则从低碳的策略视角出发，对货运网络的规划和设计进行了全面的考量，同时提出了一系列创新性和可行性兼备的决策方案。"交通基础设施全生命周期碳排放测算与治理"一章中，从全生命周期的视角，分析了交通基础设施从规划、建设到运营过程中的碳排放问题，以及针对这些问题的综合治理策略。最后，本书针对新能源汽车和其他前沿低碳技术，进行了深度的案例分析和前瞻性评价，并对其未来发展路径和可能面临的社会、经济及技术挑战进行了全面的探讨。

在此，特别感谢所有参与本书编写的研究学者和审稿专家，以及给予各种支持、帮助和建议的个人和组织。由于时间仓促和各方面条件的限制，书中如有不足或错误，恳请广大读者批评指正。

作　者

2022 年 11 月

目 录
CONTENTS

第 1 章 绪论
- 1.1 研究背景 ·· 002
- 1.2 本书主要内容 ·· 003

第 2 章 交通碳排放驱动因素与治理措施
- 2.1 交通碳排放测算 ····································· 006
- 2.2 交通碳排放变化驱动因素 ························ 009
- 2.3 交通节能减排治理措施 ··························· 015
- 2.4 交通排放减排潜力分析 ··························· 035
- 2.5 低碳交通监管体系建设 ··························· 040

第 3 章 公共交通与慢行交通
- 3.1 发展背景及趋势 ····································· 048
- 3.2 典型公交都市案例 ································· 054
- 3.3 城市空间布局与公共交通网络协同演化 ···· 069
- 3.4 公共交通优先发展财政政策研究 ·············· 076
- 3.5 基于慢行交通分析区的慢行交通规划 ······· 090

第4章 低碳导向的货运网络规划设计与决策方法

    4.1 研究背景、现状与意义 ······················· 102

    4.2 快递网络规划设计与决策方法现状分析 ··············· 105

    4.3 低碳情景下快递网络碳排放计量与规划决策分析 ·········· 109

    4.4 小结与展望 ····························· 121

第5章 交通基础设施全生命周期碳排放测算与治理

    5.1 交通基础设施能耗排放测算实践 ·················· 124

    5.2 中国交通基础设施能耗排放政策分析 ················ 129

    5.3 低碳道路基础设施治理思路 ····················· 133

第6章 低碳交通未来之路——新兴技术

    6.1 新能源汽车发展现状与趋势 ····················· 142

    6.2 新能源汽车分时租赁理论与实践 ·················· 145

    6.3 纯电动地面公交系统规划与设计 ·················· 156

    6.4 LNG 道路货运汽车推广与基础设施规划 ··············· 173

参考文献 ································· 184

第 1 章

绪论

1.1 研究背景

2020年,全球平均温度较工业化前水平(1850—1900年平均值)高出1.2℃,是有完整气象观测记录以来的3个较暖年份之一。导致全球变暖的主要原因是人类在近一个世纪以来大量使用矿物燃料(如煤、石油等),排放出大量的CO_2等多种温室气体。面对日趋严峻的能源短缺、环境恶化及气候变化问题,低碳发展已成为全球共识。英国在2003年发布的《能源白皮书》中首次正式提出了"低碳经济"后,国际碳排放管理机制及其背后上千亿的资金与市场之争,使人们意识到用于解决交通拥堵问题和交通污染问题的"低碳交通"已经从技术经济问题上升为政治问题,从地方问题上升为全球问题,关系到国家间对化石能源的使用权和温室气体排放空间的国际分配权的争夺。交通运输业与工业、建筑业并列为低碳发展的三大重点领域,是全球关注的减排重点部门。

2000—2021年间,中国城镇化率由36.2%提高至64.72%;2021年末,全国民用汽车保有量为30151万辆,比上年末增加了2064万辆。与西方发达国家不同,中国在快速城镇化与机动化过程中,还必须同时实现发展的低碳化进程,即:在满足城镇人口聚集、社会经济发展、居民生活质量提升的交通发展要求的同时,用低碳目标倒逼机制实现城市交通系统的资源节约与环境友好。这决定了中国交通系统面临"低碳目标倒逼与交通发展需求保障"的双重约束,其低碳化过程是一个"高碳-降碳-减碳-低碳"的长期过程,具有典型的增长性减碳特征(图1-1)。

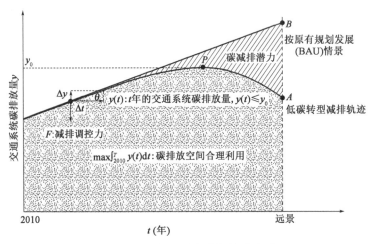

图1-1 中国交通系统增长性减碳过程

中国目前的人均机动车保有量与发达国家相比还较低,公共交通与非机动化出行方式在中国绝大多数城市仍占交通出行方式的主导地位。这一切为中国构建更经济、更有效的低碳出行模式提供了一个独特而难得的机遇。抓住这一机遇开展城市低碳交通系统的优化与管理研究,具有重要的科学意义。

1.2 本书主要内容

交通运输体系的低碳发展需要充分考虑交通运输体系的特点,管理者、出行者等多主体加强协作,融合技术、激励、约束等多手段共同构建。而我国目前相关研究主要局限在概念介绍、测算方法、土地规划等,偏重规划和能源研究方面。本书更偏重于在交通层面述说完整的低碳发展故事,首先介绍了交通运输体系碳排放的计算方法以及驱动因素,然后分三大领域具体研究和阐述了当今交通运输体系低碳转型的问题和治理途径,包括公共交通与慢行交通、低碳货运和基础设施,最后一章重点介绍了以新能源车辆为主要技术措施的未来低碳交通体系建设。本书的整体结构如图1-2所示,各章的具体逻辑架构分别如图1-3~图1-7所示。

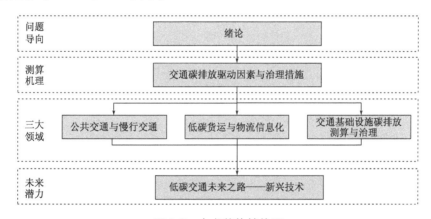

图1-2 本书整体结构图

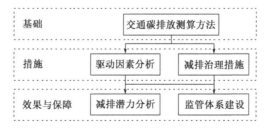

图1-3 第2章逻辑架构

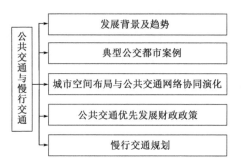

图 1-4　第 3 章逻辑架构

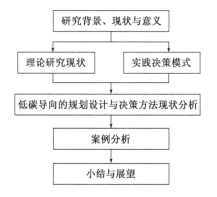

图 1-5　第 4 章逻辑架构

图 1-6　第 5 章逻辑架构

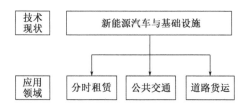

图 1-7　第 6 章逻辑架构

第 2 章
CHAPTER 2

交通碳排放驱动因素与治理措施

2.1 交通碳排放测算

2.1.1 交通碳排放测算方法

1）测算方法

"如果你无法测算它,那你就无法改善它。"这是英国著名物理学家Lord Kelvin(开尔文勋爵)的一句名言,在城市交通碳排放领域同样适用。城市交通碳排放的测算与评估是低碳交通研究的基础,也是目前研究结果分歧较多的一个领域。方法、指标、数据的差异导致CO_2和污染物排放计算结果的千差万别,当前使用较为广泛的交通碳排放核算方法源于政府间气候变化专门委员会(Intergovernmental Panel on Climate Change,IPCC)颁布的《2006国家温室气体清单指南》。其基本思想是利用人类活动水平及其排放因子进行碳排放估算,具体又可以分为两类方法:

(1)自下而上方法:根据各种交通方式行车里程乘以每千米燃料消费量得到燃料消费总量,然后乘以燃料碳排放系数得到碳排放量。

(2)自上而下方法:根据国家或区域范围内交通燃料消费数据乘以各种燃料的碳排放费系数得到碳排放量。

世界资源研究所(World Resources Institute,WRI)联合中国社科院等机构也于2013年发布了针对城市层面的温室气体核算工具指南(测试版1.0)。对于污染物排放而言,欧美国家均针对本国车辆技术水平、运行工况等条件,测算并公布了国家机动车污染物排放因子,并以此为基础建立了国家机动车排放清单。我国近年来也开展了本土机动车污染物排放因子的编制工作,由生态环境部机动车排污监控中心负责,目前公布了《道路机动车排放清单编制技术指南(试行)》,其中有较为详细的排放因子值。

城市交通的特点(对象是移动的,有行政边界)决定了自下而上的方法更适用于其碳排放核算,能够为决策者提供更好的信息,并且能够衡量政策、项目和不同交通方式的贡献等。但这类方法需要依赖翔实和准确的排放因子。美国、欧洲等国家和地区较早开发了基于机动车排放因子的交通排放清单测算模型,如MOVES、COPERT、HBEFA、IVE模型等。我国的排放因子数据积累还较薄弱,很多研究是基于国外排放因子或加以适当修正得到的,缺乏对运行环境和运行条件的充分考虑。此外,为了更全面地评估城市交通系统的排放,除考虑交通工具运行产生的排放外,部分研究还采用全生命周期分析(Life Cycle Analysis)方法,开展了包括汽车制造、维护和废弃处置、基础设施建设、能源生产[包括"油井至油箱"(Well-to-tank)和"油箱至车轮"(Tank-to-wheels)]等在内的城市交通全过程排放研究。基于全生命周期的分析方法将逐渐成为交通碳排放测算与评估的主流方法,但是由于我国相关机构并未对我国交通全生命周期的排放因子进行基础测定,因此,目前我国交通排放分析主要基于运行状态来核算。

2000 年以来,随着 Lee Schipper 关于交通碳排放测算 ASIF 框架的发表(图2-1),自下而上的方法得到了广泛的应用。ASIF 即 Activity(活动)、Structure(结构)、Intensity(强度)和 Fuels(燃料)的首字母缩写。其中,A 表示客运交通或者货运交通的全部活动,可以用旅客周转量、货运周转量或者汽车公里数衡量。土地使用和城市发展方式都对出行距离有直接影响。S 表示出行方式结构,包括了步行、自行车、小汽车、公交车、地铁等。由于不同出行方式的单位距离能耗和排放量有很大的不同,因此交通出行方式之间的转变也对交通减排影响很大。出行方式的选择主要由便捷性、速度和行程时间决定,其他因素还包括票价以及一些心理因素等。I 表示能源消耗强度,与燃油价格、车辆标准和政府激励等措施有关。车辆燃油经济性是其重要指标,很多国家对其车辆燃油经济性设置了标准。此外,如果载客率高,能耗强度相对会降低。能耗强度对车辆载客率水平非常敏感,因此不可以借用其他国家或研究文献的结果,必须由在当地开展调查得到。F 表示燃料的碳排放因子,不同地区会有略微的差异,主要可以通过碳平衡法得到。

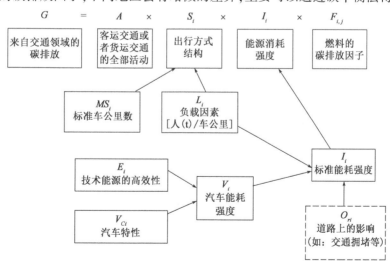

图 2-1　交通碳排放测算 ASIF 框架

2）测算公式

以 ASIF 框架作为交通能耗及排放核算自下而上的基础,其能源消耗测算公式为：

$$EC = \sum_j \sum_i (P_{ij} \times M_{ij} \times ECF_{ij} \times 365) \tag{2-1}$$

式中：P_{ij}——使用第 i 种能源第 j 类车辆的汽车保有量；

M_{ij}——汽车的日均行驶里程或日均周转量；

ECF_{ij}——汽车的单位汽车公里能耗或单位周转量能耗,即能耗因子。

车辆的碳排放量主要是在能源消耗量的基础上,使用碳平衡方法计算得到的,其总排放量 EQ_{CO_2} 为：

$$EQ_{CO_2} = \sum_j (EC)_j \times g_j \tag{2-2}$$

式中：g_j——第 j 种能源的碳排放因子。

2.1.2 交通碳排放历史趋势

基于上述计算方法,我们共测算了全球 46 个城市 1960 年、1970 年、1980 年、1990 年、1995 年和 2001 年的交通碳排放数据,其中包括了 20 个北美洲城市、11 个欧洲城市、9 个亚洲城市和 6 个大洋洲城市。所有基础数据均来自"*An International Sourcebook of Automobile Dependence in Cities*""*Millennium Cities Database for Sustainable Transport*"和"*Mobility in Cities*"3 个数据库。研究中测算的城市交通排放指市民日常出行会用到的交通方式,包括私家车、出租汽车、摩托车、公交车、轨道交通和轮渡。

1）城市交通碳排放量

整体上,大部分城市的交通碳排放总量在研究期限里的最初 30 年间保持了持续的增长,最终在 1990 年附近达到峰值,之后开始逐渐下降。部分发展较为滞后的亚洲城市在研究年限中城市交通碳排放总量还未达顶峰。同时可以看到,受城市规模的影响,城市交通碳排放总量差异较大。即便是同一地域的城市,也因人口差异导致碳排放水平高低不同。

2）人均城市交通碳排放量

将城市交通碳排放总量除以城市人口可以计算得到人均城市交通碳排放量。不同地区的城市人均交通碳排放呈现鲜明的特色,从高到低排列依次是北美洲城市、大洋洲城市、欧洲城市和亚洲城市。这与城市发展阶段和城市交通特征有着显著的关系。比如,北美洲城市人口密度较低,市民居住地较为分散,小汽车是日常出行的主要方式,因此人均交通碳排放最高。而亚洲城市大多人口高度密集,发展较为滞后,仍处于城市化和机动化的快速发展进程中,同时公共交通的出行比例较大。

2.2 交通碳排放变化驱动因素

2.2.1 因素分解法

因素分解法是一种研究事物变化特征及作用机理的分析方法,在经济社会研究中应用越来越广泛,特别是在能源消费和温室气体排放领域里。目前,常用的分解分析方法有指数分解分析(Index Decomposition Analysis,IDA)与结构分解分析(Structure Decomposition Analysis,SDA)。其中,SDA方法以消耗系数矩阵为基础,需要使用投入产出表;IDA方法基于产业部门的总和数据进行时间序列分析或跨区域比较分析,主要有Laspeyres指数分解方法与Divisia指数分解方法。其基本思想是:将一个目标变量分解为很多因素的组合,然后分析每一个因素对结果的影响大小,称之为贡献率。在可得到数据的情况下,把这种分解逐层进行下去,最终把各种影响因素对目标变量的影响区分开来。

近年来,Ang对于各种IDA方法进行了综合比较,重点研究了算术平均Divisia指数(Arithmetic Mean Divisia Index,AMDI)分解方法和对数平均Divisia指数(Logarithmic Mean Divisia Index,LMDI)分解方法的理论基础、技术特点及适用领域。研究发现,Laspeyres指数分解方法有无法合并的残差项,该残差项不能被忽略,较大的残差项会对分析结果产生影响。因此,能够消除残差项的LMDI分解方法克服了这些缺陷,使得模型更具有说服力。因此,近年来LMDI方法逐渐成为学术界使用的主流因素分解方法。

国内外均有人将LMDI法用于交通能源和温室气体排放的研究中,分解因素主要包括人口、经济、能耗强度、能源结构等。比如:María Mendiluce和Lee Schipper以西班牙1990—2008年客货运交通能源消耗为研究对象,对其进行分解,其分解的因素为交通量、能源强度、碳强度和结构;Tae-Hyeong Kwon使用LMDI法研究了英国交通的小汽车出行的碳排放,分解因素为人口、车辆出行距离、载客率、燃油效率和燃油结构;Govinda

使用 LMDI 法分解了亚洲不同国家整个交通行业的碳排放,并分析造成这些国家碳排放变化的不同驱动因素;Xiao Luo 用 LMDI 法分解了 1986—2009 年上海、东京交通碳排放,并做了对比,分解因素为人口、出行产生率、平均出行距离、交通方式结构、(人均汽车公里)荷载因子、排放因子;Yunjing Wang 和 Yoshitsugu Hayashi 以上海为例,用 LMDI 法研究了客运交通碳排放及其驱动因素之间的关系,驱动因素为经济活动、人口、交通方式结构、客运交通强度和客运交通碳排放因子。

2.2.2 LMDI 的数学表达

1)分解过程推导

LMDI 可以分为乘法分解和加法分解。将 V 表示成 m 个部分的和,即 $V = \sum_{i=1}^{m} V_i$,假设在 n 维空间中,V_i 可以分解为 n 个因子的乘积,也就是 $V^0 = \sum_{i=1}^{m} x_{1i}^0 \times x_{2i}^0 \times \cdots \times x_{ni}^0$。在时间周期 $[0, T]$ 内,V 从 $V^T = \sum_{i=1}^{m} x_{1i}^T \times x_{2i}^T \times \cdots \times x_{ni}^T$ 变化到 $V^0 = \sum_{i=1}^{m} x_{1i}^0 \times x_{2i}^0 \times \cdots \times x_{ni}^0$。

当 $X_{ki}^t \neq X_{ki}^0$ 时,按照乘法分解可以表示为:

$$D_{tot} = \frac{V^T}{V^0} = D_{x1} \times D_{x2} \times \cdots \times D_{xn} \tag{2-3}$$

式中:D_{tot}——在给定周期内的相对变化。

按加法分解可以表示为:

$$\Delta V_{tot} = V^T - V^0 = \Delta V_{x1} + \Delta V_{x2} + \cdots + \Delta V_{xn} \tag{2-4}$$

式中:ΔV_{tot}——总变化。

式(2-3)和式(2-4)右边的第 k 个因子分别表示为:

$$D_{xk} = \exp\left[\sum_{i=1}^{m} \frac{L(V_i^T, V_i^0)}{L(V^T, V^0)}\right] \ln\left(\frac{x_{ki}^T}{x_{ki}^0}\right) \tag{2-5}$$

$$\Delta V_{xk} = \sum_{i=1}^{m} L(V_i^T, V_i^0) \ln\left(\frac{x_{ki}^T}{x_{ki}^0}\right) \tag{2-6}$$

其中,$L(a,b) = (a-b)/(\ln a - \ln b)$。

以分解 3 个因素为例给出分解过程,加法分解如下所示:

$$\Delta E_{tot} = E^T - E^0 = \Delta E_{act} + \Delta E_{str} + \Delta E_{int}$$

$$= \sum_i \frac{E_i^T - E_i^0}{\ln E_i^T - \ln E_i^0} \ln\left(\frac{Q^T}{Q^0}\right) + \sum_i \frac{E_i^T - E_i^0}{\ln E_i^T - \ln E_i^0} \ln\left(\frac{S_i^T}{S_i^0}\right) + \sum_i \frac{E_i^T - E_i^0}{\ln E_i^T - \ln E_i^0} \ln\left(\frac{I_i^T}{I_i^0}\right)$$

$$= \sum_i \frac{E_i^T - E_i^0}{\ln E_i^T - \ln E_i^0} \left[\ln\left(\frac{Q^T}{Q^0}\right) + \ln\left(\frac{S_i^T}{S_i^0}\right) + \ln\left(\frac{I_i^T}{I_i^0}\right) \right]$$

$$= \sum_i \frac{E_i^T - E_i^0}{\ln E_i^T - \ln E_i^0} \ln\left(\frac{Q^T S_i^T I_i^T}{Q^0 S_i^0 I_i^0}\right)$$

$$= \sum_i \frac{E_i^T - E_i^0}{\ln E_i^T - \ln E_i^0} \ln\left(\frac{E_i^T}{E_i^0}\right)$$

$$= \sum_i (E_i^T - E_i^0) = \Delta E_{tot} \tag{2-7}$$

乘法分解如下所示：

$$D_{tot} = E^T/E^0 = E_{act} D_{str} D_{int}$$

$$= \exp\left[\sum_i \frac{(E_i^T - E_i^0)/(\ln E_i^T - \ln E_i^0)}{(E_i^T - E_i^0)/(\ln E_i^T - \ln E_i^0)} \ln\left(\frac{Q^T}{Q^0}\right) \right] + \exp\left[\sum_i \frac{(E_i^T - E_i^0)/(\ln E_i^T - \ln E_i^0)}{(E_i^T - E_i^0)/(\ln E_i^T - \ln E_i^0)} \right.$$

$$\left. \ln\left(\frac{S_i^T}{S_i^0}\right) \right] + \exp\left[\sum_i \frac{(E_i^T - E_i^0)/(\ln E_i^T - \ln E_i^0)}{(E_i^T - E_i^0)/(\ln E_i^T - \ln E_i^0)} \ln\left(\frac{I_i^T}{I_i^0}\right) \right]$$

$$= \exp\left\{ \sum_i \frac{(E_i^T - E_i^0)/(\ln E_i^T - \ln E_i^0)}{(E_i^T - E_i^0)/(\ln E_i^T - \ln E_i^0)} \left[\ln\left(\frac{Q^T}{Q^0}\right) + \ln\left(\frac{S_i^T}{S_i^0}\right) + \ln\left(\frac{I_i^T}{I_i^0}\right) \right] \right\}$$

$$= \exp\left[\sum_i \frac{(E_i^T - E_i^0)/(\ln E_i^T - \ln E_i^0)}{(E_i^T - E_i^0)/(\ln E_i^T - \ln E_i^0)} \ln\left(\frac{E_i^T}{E_i^0}\right) \right]$$

$$= \exp\left[\sum_i \frac{E_i^T - E_i^0}{(E_i^T - E_i^0)/(\ln E_i^T - \ln E_i^0)} \right]$$

$$= \exp(\ln E_i^T - \ln E_i^0) = E^T/E^0 \tag{2-8}$$

2）分解公式

本书使用 LMDI 分解方法来对城市交通碳排放变化进行分解，以期找出其驱动因素。主要分为城市人口、人均出行距离、交通结构、能耗强度、能源结构和碳排放因子 6 个部分，分解公式如下所示：

$$C = \sum_{ij}\left(P \times \frac{l}{P} \times \frac{l_i}{l} \times \frac{E_i}{l_i} \times \frac{E_{ij}}{E_i} \times \frac{C_{ij}}{E_{ij}}\right) = \sum_{ij}(P \times L \times S_i \times I_i \times M_{ij} \times f_j) \tag{2-9}$$

式中：C——城市交通二氧化碳总排放；

P——城市人口；

L——人均出行距离；

S——交通结构；

I——能耗强度；

M——能源结构；

f——碳排放因子；

l——出行距离；

E——能源消耗；

i——出行模式；

j——能源种类；

C_{ij}——出行模式 i 使用能源种类 j 时的碳排放强度。

2.2.3 典型城市驱动因素分解结果

基于上述因素分解公式，针对各个地域典型城市进行交通碳排放变化的因素分解，以期寻找其碳排放变化背后的原因。分别选取北美洲典型城市纽约、欧洲典型城市巴黎、大洋洲典型城市悉尼和亚洲典型城市东京作为案例。

1）北美洲典型城市——纽约

以纽约为例，图 2-2 给出了纽约城市交通碳排放量在不同时期的五大要素贡献度。虚线为参考线，值为 1.0。超越虚线表示该要素对碳排放增加起到了促进作用，低于虚线表示对碳排放增加起到了一定的遏制作用。从图中能够很明显地看出，自 20 世纪 70 年代起，能耗强度的减排作用凸显出来，特别是在 20 世纪 80 年代达到最大，对城市交通总碳排放和人均交通碳排放量起到决定性的作用。这主要是由 1973 年和 1979 年的第一次和第二次全球石油危机引起的。为了应对日益高涨的油价，当时的美国政府于 1975 年通过了公司平均燃料经济性（Corporate Average Fuel Economy，CAFE）法案。该法案对未来车辆制造商新生产的车辆燃料经济性提出了要求。同时，纽约的城市人口自 20 世纪 60 年代开始已经趋于稳定，城市化进程基本完成，这也使得城市交通活动总量增加有限。正是 CAFE 法案和人口稳定使得纽约总交通碳排放量和人均交通碳排放量增长逐渐减缓,并且于 20 世纪 90 年代开始下降。

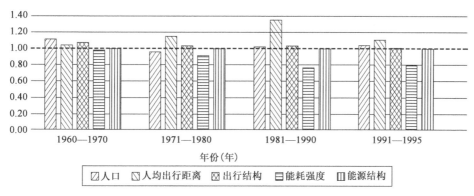

图 2-2　纽约交通碳排放 LMDI 分解结果(1960—1995 年)

2)欧洲典型城市——巴黎

由图 2-3 可知,巴黎作为欧洲典型大城市代表,其城市化进程也逐渐完成,40 年间人口保持稳定。20 世纪 70 年代和 80 年代也出现了郊区化现象,人口离开城市中心向郊区转移,人均机动化出行量增大。同时,20 世纪 80 年代也受到了石油危机的影响,车辆制造商受市场因素影响也纷纷提升各自新生产车辆的燃油经济性。与美国不同,欧洲一直在征收高昂的燃油税,同时政府没有发布强制性的能耗强度政策,因此能耗强度对城市交通碳排放的高减排效用仅仅出现在石油危机的后 10 年期间。后期,燃油经济性虽然仍起到一定的减排效用,但是效用减小。值得注意的是,1998 年巴黎开通了 40 年来的唯一一条新地铁线 14 号线,20 世纪 90 年代后期出行结构的变化为巴黎交通碳排放减少做出了积极贡献。

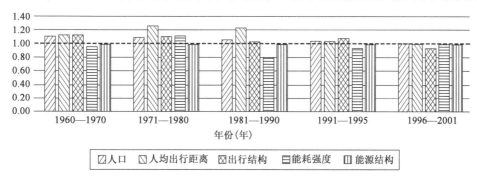

图 2-3　巴黎交通碳排放 LMDI 分解结果(1960—2001 年)

3)大洋洲典型城市——悉尼

如图 2-4 所示,悉尼在 20 世纪 70 年代之前城市化和机动化进程都较为迅速,一直到 20 世纪 80 年代人口还是碳排放量增长的主要驱动因素。到 20 世纪 90 年代,悉尼人口数量已经趋于平稳,能耗强度因素显示出其减排潜力。1988年,澳大利亚放松了对进口外来车辆的限制,因此日本车在20世纪90年代开始大量涌入澳大利亚市场,低油耗的特性使其迅速在澳大利亚风靡开来。

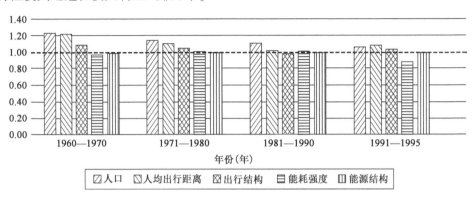

图2-4　悉尼交通碳排放LMDI分解结果(1960—1995年)

4) 亚洲典型城市——东京

如图2-5所示,东京作为亚洲发展较为迅速的城市之一,其城市化和机动化进程一直持续到了20世纪90年代。1979年,日本发布能源保护法案,可以看到20世纪80年代能耗强度是减排的主要影响因素。进入20世纪90年代,日本房地产泡沫破裂,出现经济危机,人们不愿意将资金投入城市房产中,转而去购买小汽车,特别是污染物排放量大的运动型多用途汽车(SUV),并搬到城市郊区居住。因此,在20世纪90年代,人均出行距离和出行结构增加了日本交通碳排放量,同时能耗强度的作用也因为SUV抢占了市场而被抵消了。

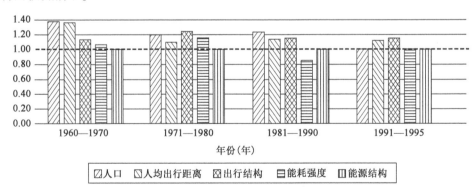

图2-5　东京交通碳排放LMDI分解结果(1960—1995年)

中国城市直到改革开放时期才逐渐开始快速城市化和机动化,相较于欧美以及亚洲发达地区城市落后了几十年。以上海为例,1990—2010年常住人口由1334.19万人增长至2301.91万人,年均增长约2.8%,在此期间,小汽车保有量则更是以年均突破10%的速度增长。城市化和机动化进程使得交通碳排放量持续增长,呈现指数上升态势。面对这样的情况,中国城市有必要总结国外城市的一些经验和教训,避免交通碳排放量的持续上升。

2.3 交通节能减排治理措施

下面总结归纳国内外交通节能减排领域的相关经验,将其归类为八项基本措施:机动车燃油经济性标准、机动车废气排放标准、车辆节能改进、税费制度、生态驾驶推广、物流现代化建设、机动车报废管理和新能源汽车推广。每一项措施分析包括措施内涵解析、国外应用案例、国内应用现状和成本效益分析,希望能够为城市管理者制定交通节能减排措施提供参考经验。

2.3.1 机动车燃油经济性标准

1)措施内涵解析

燃油经济性标准被国内外公认为政府控制机动车油耗和碳排放较有效的手段之一。燃油经济性标准测量依据为在特定工况下每单位燃料消耗行驶的里程长度,另一种形式是燃油限值标准,即特定工况下既定距离使用的燃料数量。

其节能减排本质是通过标准规范市场上车辆工业技术水平,从而降低单位里程或周转量的能耗和温室气体排放,最终达到整体节能减排的目的(图2-6)。虽然燃油经济性效益的出发点是减少能耗和温室气体排放,但由于燃料的使用效率提高,也起到了减少污染物排放的协同效益。

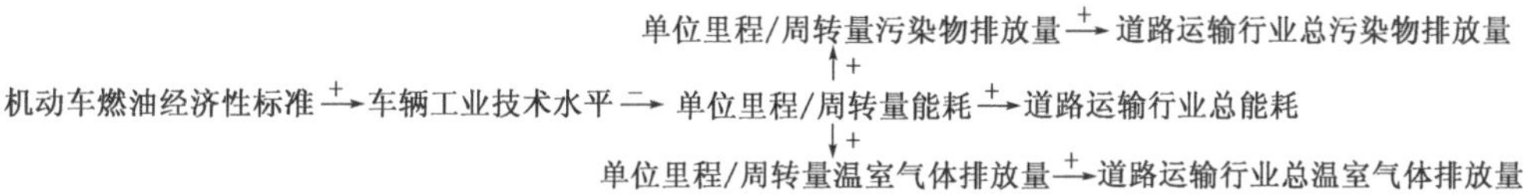

单位里程/周转量污染物排放量 $\xrightarrow{+}$ 道路运输行业总污染物排放量

机动车燃油经济性标准 $\xrightarrow{+}$ 车辆工业技术水平 $\xrightarrow{-}$ 单位里程/周转量能耗 $\xrightarrow{+}$ 道路运输行业总能耗

单位里程/周转量温室气体排放量 $\xrightarrow{+}$ 道路运输行业总温室气体排放量

图 2-6 机动车燃油经济性标准减排机理

2)国外应用案例

目前,在全球范围内已经有一些国家或地区正在执行或者已经发布了相关的燃油经济性标准,见表2-1。由于历史、文化和政治等因素的差异,这些国家或地区采用的燃油经济性标准在控制类型、能耗目标、衡量单位、适用范围以及测试循环工况等方面表现各异。其中,美国和日本在实施时间和效果方面均处于世界领先的地位。

各国家(地区)燃油经济性标准与温室气体排放标准　　　　表 2-1

国家/地区	目标年(年)	标准类型	能耗目标	分类	车型	工况
美国(包括加州)(已制定)	2016	燃油经济性/温室气体排放	34.1mpg[1] 或 250gCO_2/mL	汽车类型	小汽车/轻型货车	U.S. combined
美国(已制定)	2025	燃油经济性/温室气体排放	49.1mpg 或 165gCO_2/mL	汽车类型	小汽车/轻型货车	U.S. combined
加拿大(已制定)	2016	温室气体排放	153gCO_2/mL	汽车类型	小汽车/轻型货车	U.S. combined
欧盟(已制定)(拟提出)	2015 2020	CO_2	130gCO_2/km 95gCO_2/km	平均重量	小汽车/SUV	NEDC
日本(已制定)	2015 2020	燃油经济性	16.8km/L 20.3km/L	平均重量	小汽车	JC08
南非(已制定)	2015	燃油经济性/温室气体排放	17km/L 或 140gCO_2/km	平均重量	小汽车/SUV	U.S. combined
墨西哥(已制定)	2016	燃油经济性/温室气体排放	35.1mpg 或 157g/km	车辆类型	小汽车/轻型货车	U.S. combined
巴西(已制定)	2017	燃油经济性	1.82MJ/km	平均重量	小汽车	U.S. combined

注:U.S. combined 表示美国综合循环;NEDC 表示新欧洲驾驶循环测试;JC08 表示日本轻型汽车排放和燃料消耗量试验循环。

美国于 1975 年通过了能源节约法。该法案提出了要提高车辆效率,并对小汽车和轻型货车建立 CAFE 法案。该法案的短期目标是在 1985 年,将汽车燃油经济性提高一倍。1975 年以来执行的 CAFE 标准,使轻型货车的燃油经济性也提高了 50%。燃油经

---

[1] mpg 是 mile per USgal 的缩写,指英里/美制加仑,其中 1mile(英里)≈1.61km,1USgal(美制加仑)≈3.79L,1mpg≈0.42km/L。

济性标准使美国每年节省 550 亿 USgal 的燃油,如果没有 CAFE 法案,美国的碳排放量每年将增加 10%。可以说 CAFE 法案为美国节约石油资源起到了至关重要的作用。美国国会在 1996 年冻结了 CAFE 法案。由于后来轻型货车,包括多用途车辆的数量不断增加,加之能源形势不容乐观,美国国会在 2001 年 12 月 18 日要求再次提升燃油经济性标准。美国国家公路交通安全管理委员会(NHTSA)在 2003 年签署了新的轻型货车燃油经济性标准,2005 年车型为 21mpg,2006 年车型为 21.6mpg,2007 年车型为 22.2mpg。随后,由于能源形势不容乐观,美国进一步提高燃油经济性标准。2010 年 4 月 1 日,美国环境保护局(Environmental Protection Agency,EPA)和美国运输部(Department of Transportation,DOT)主要针对 2012—2016 年车型的轻型车(包括乘用轿车和轻型货车),共同制定了新的温室气体排放和燃料经济性联合标准,要求轻型车平均温室气体排放量从 2008 年的平均 342g CO_2/mile 下降至 2016 年的 250g CO_2/mile,降幅为 27%,2012—2015 年期间采用过渡标准。燃料经济性从 2008 年的平均 26mpg(约 9.16L/100km)提升至 2016 年的 34.1mpg(约 6.98L/100km),总改善幅度为 31%。

日本政府针对不同重量级,为轻型汽油车、柴油载客车、货运汽车制定了一系列燃油经济性标准。所谓"领跑者油耗标准"(Top Runner),即首先确定在每个重量级中具有最优燃油经济性的汽车,并以其燃油经济性水平作为本重量级汽车的燃油经济性标准,要求同级新车在目标年均要达到该标准。这项政策的实施,迫使所有汽车生产厂家不断提高汽车燃油经济性和技术水平。1979 年美国颁布的《能源使用合理化法》中明确了轿车能源利用效率考核标准,要求每种重量的汽车都要达到其对应的标准。1992 年 6 月,对考核标准进行修订,要求 2000 年的轿车能源利用效率比 1990 年提高 8.5%(加权平均)。2000 年又进一步制定了燃油经济性目标:到 2010 年,汽油车的燃油经济性达到 15.1km/L,比 1995 年提高 22.8%;到 2005 年,柴油车的燃油经济性提高到 11.6km/L,比 1995 年提高 16%。如果不能达到标准,国家将对制造商予以公告、罚款等。

相对于美国,日本采用的燃油经济性政策对车型燃油经济性的限制更加完善,日本采用的按重量分类的平均燃油经济性政策对节能贡献很大。为确保燃油经济性标准的实施,日本政府采取了一系列措施:在实施汽车产品认证制度时,要求制造商申报认证车辆的燃油经济性水平,由国土交通省对申报值进行审查和认可;对达不到法规要求的企业,采取劝告、公布企业名单、罚款等惩罚措施;对达到油耗限值要求的汽车,采取相应的优惠政策,即对取得低排放车认可证书的汽车,购买者可减免 1.5 万日元的购置税和第一年 50% 的汽车税;国土交通省在其网站主页上公布汽车燃油消耗量,并于每年 12 月底发布汽车油耗一览手册。

3)国内应用现状

2003—2012年,我国先后发布了《轻型汽车燃料消耗量试验方法》《乘用车燃料消耗量限值》《轻型商用车燃料消耗量限值》和《重型商用车辆燃料消耗量限值》,规定了车辆燃料消耗的测算方法和燃料消耗的限值。与其他国家不同的是,这些标准没有以车辆重量、车型加权平均值方式来制定,而是要求每辆车作为个体都必须达标。我国2007年和2012年分别发布实施相关燃油经济性标准后,我国的燃油经济性标准被认为是世界上第三严格的,仅落后于欧洲和日本。但是考虑发动机功率和车辆重量后,我国燃油经济性标准仍然较低。与美国相比,我国的车辆平均重量要低24%,发动机排气量和发动机功率分别比欧洲和美国低57%和50%,但是我国车辆的燃油经济性比美国高4.9%。

2.3.2 机动车废气排放标准

1)措施内涵解析

机动车废气排放标准是为了降低汽车废气排放污染物对环境造成的危害,对不同类型车辆排放的一氧化碳(CO)、氮氧化物(NO_x)、可吸入颗粒物和碳氢化合物等污染物进行限制。其本质是通过提升机动车废气排放标准来提高车辆工业技术水平和油品质量,进而减少单位里程或周转量的污染物排放量,最终达到减少道路运输行业总的污染物排放量的目的(图2-7)。

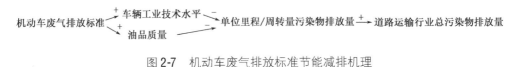

图2-7 机动车废气排放标准节能减排机理

2)国外应用案例

目前,国际上汽车排放法规主要分为三大体系,即美国排放法规、欧洲排放法规和日本排放法规,其他各国基本按照或参考这三大体系来制定本国的排放法规。及时修订旧排放标准并发布更加严格的排放标准是非常必要的,不仅有利于改善大气环境质量,对提高汽车技术水平、推动汽车工业进步也有积极的意义。

欧洲汽车废气排放标准是欧盟国家为限制汽车废气排放污染物对环境造成的危害而共同采用的汽车废气排放标准。欧洲标准是由联合国欧洲经济委员会(UNECE)的汽车废气排放法规和欧盟(EU)的汽车废气排放指令共同加以实现的。汽车废气排放法规由 ECE 参与国自愿认可,排放指令是 EU 成员国强制实施的。在欧洲,汽车废气排放的标准一般每 4 年更新一次。1992 年实行了欧洲一号(简称"欧一")标准,从 1996 年开始实行了欧洲二号(简称"欧二")标准,从 2000 年开始实行了欧洲三号(简称"欧三")标准,从 2005 年开始实行了欧洲四号(简称"欧四")标准,从 2008 年开始实行了欧洲五号(简称"欧五")标准,从 2015 年开始实行欧洲六号(简称"欧六")标准,并预计从 2025 年实施欧洲七号(简称"欧七")标准。

美国具有两个不同的法规,一个是美国加利福尼亚州(简称"加州")的法规,另一个是美国联邦政府法规。曾发生过大气公害事件的加州洛杉矶,是世界上最早制定排放限制法规的地区,也是世界上排放限制较为严格的地区之一,所执行的标准比全美其他地区要超前 1~2 年。现有的加州排放标准表现为如下几个级别:第一阶段、过渡阶段低排放机动车(TLEV)、低排放机动车(LEV)、超低排放机动车(ULEV)、高超低排放机动车(SULEV)和零排放机动车(ZEV)。

日本对汽车污染物的控制比美国晚,但 20 世纪 70 年代以来,对氮氧化物的控制进程却比美国快。1978 年,日本效仿美国的汽车废气排放法规《马斯基法》,实施了废气污染物排放规制,力争使氮氧化物排放量削减 90% 以上。并于 1992 年出台了《关于在特定地区削减汽车排放氮氧化物及颗粒物总量的特别措施法》,以确保环保标准的落实。2010 年 6 月出台了《汽车 NO_x·PM 法》,强化了氮氧化物规制,并将颗粒物纳入规制对象。日本认为,如果在环保方面能获得"世界最高标准"的称号,将非常有利于汽车制造商形象的提升,因此日本各车企都表示"将加快开发进程,摘取世界第一的桂冠",日本政府也在不断制定更加严格的排放标准。由于日本的测试方法与美国和欧洲不同,因此它们的排放限值也无法直接对比。事实上,很少有国家或地区采用日本法规。但由于日本是控制汽车排放较早的国家之一,也是控制技术较为先进的国家,且其控制法规自成体系,因此,一直被认为是一个独立的法规体系。

3)国内应用现状

与国外先进国家相比,我国汽车废气排放法规起步较晚、水平较低,如图 2-8 所示。我国根据实际情况,从 20 世纪 80 年代初期开始采取先易后难、分阶段实施的具体方案。我国于 2000 年实施的《轻型汽车污染物排放限值及测量方法(Ⅰ)》(简称"国一")等效于欧一标准;2004 年实施的《轻型汽车污染物排放限值及测量方法(Ⅱ)》(简称"国二")等效于欧二标准;2007 年实施的《轻型汽车污染物排放限值及测量方法(Ⅲ)》(简称"国三")相当于欧三标准;2013年实施的《轻型汽车污染物排放限值及测量方法(Ⅳ)》(简称"国四")相当于欧四标准。2019年我国开始全面执行《轻型汽车污染物排放限值及测量方法(中国第六阶段)》(简称"国六"),但相对于欧盟以及新加坡、韩国、印度等国家仍较为落后。

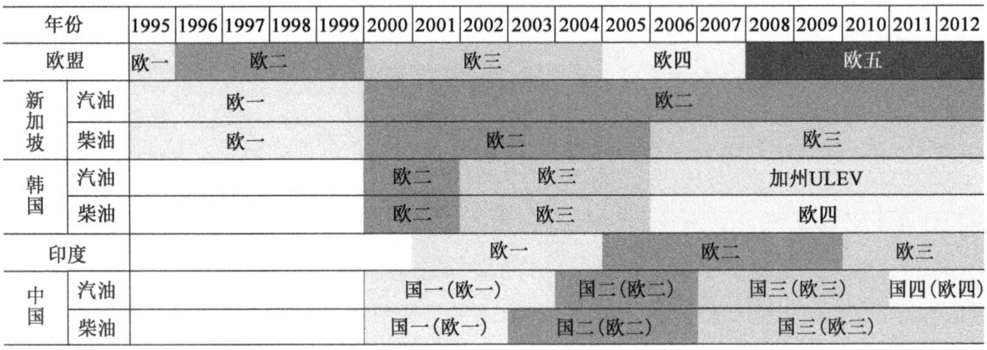

年份		1995	1996	1997	1998	1999	2000	2001	2002	2003	2004	2005	2006	2007	2008	2009	2010	2011	2012
欧盟		欧一		欧二				欧三				欧四			欧五				
新加坡	汽油		欧一						欧二										
	柴油		欧一						欧二						欧三				
韩国	汽油							欧二		欧三					加州ULEV				
	柴油							欧二		欧三					欧四				
印度							欧一				欧二				欧三				
中国	汽油						国一(欧一)			国二(欧二)			国三(欧三)			国四(欧四)			
	柴油						国一(欧一)			国二(欧二)			国三(欧三)						

图 2-8　欧盟成员国及亚洲部分国家机动车排放标准

2.3.3　车辆节能改进

1)措施内涵解析

车辆节能改进并非像上述两项措施一样针对在生产和新销售车辆,而是提高现存货运车辆的燃料利用效率。通常的改造技术有低摩擦发动机润滑油、低滚动摩擦轮胎、空气动力学改良、辅助动力装置和轮胎自动充气系统等。大多数单一的燃油经济性措施可以带来1%~10%的节能效果。对货车进行的每一项微小改进都可以产生显著的燃油节约效果。

如图2-9所示,车辆节能改进本质是通过更换节能设备提高现有车辆的技术水平,从而减少其单位里程或周转量能耗,最终达到减少总能耗和排放量的目的。其目的是减少能耗,但同时也起到了减少温室气体和污染物排放量的协同效益。

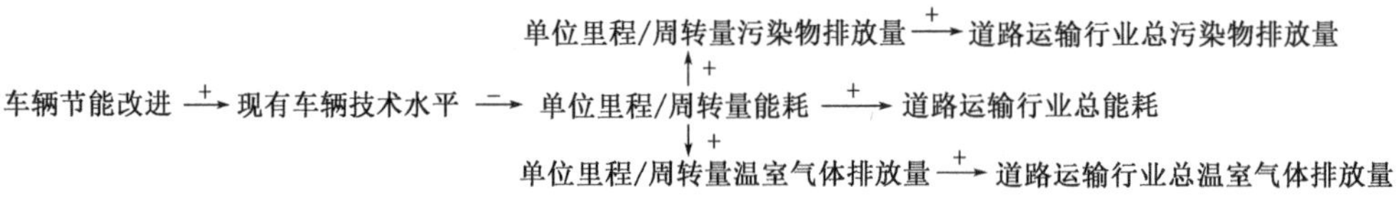

车辆节能改进 → 现有车辆技术水平 → 单位里程/周转量污染物排放量 → 道路运输行业总污染物排放量
　　　　　　　　　　　　　　　 → 单位里程/周转量能耗 → 道路运输行业总能耗
　　　　　　　　　　　　　　　 → 单位里程/周转量温室气体排放量 → 道路运输行业总温室气体排放量

图 2-9　车辆节能改进减排机理

2)国外应用案例

目前,国外对于机动车进行节能改进主要是车辆使用者的个人行为,对于现有车队的燃油经济性能改进实例较少。一些政府和学术机构对于现有车辆燃油经济性改善技术效果进行过研究,并对节能减排技术进行认证。

SmartWay 运输伙伴计划是由美国环保局主导,通过与运输行业之间进行公私合营,以达到节能减排目标的一项系统计划。该计划于 2004 年 2 月启动,由美国货车协会和货运行业提供帮助,无进入壁垒,企业无论大小都可成为合作伙伴。SmartWay 认证技术主要有 5 个方面:改进空气动力学技术(导流罩、侧裙等)、提高发动机效率、降低滚动阻力(单宽轮胎、低阻轮胎、自动轮胎检测和充气系统等)、提高动力传动系统的效率和减少辅助负载(如改换铝制轮毂)。

2005 年,新西兰运输工程研究有限公司组织了一项关于"重型车辆经济性"的国际调查。调查认为,车辆空气动力损失会导致多余的油耗。驾驶室顶部安装导风板装置,采用前保险杠导风板,保持挂车侧板平滑、安装车身下围裙和采用长头而非平头驾驶室,都能减少燃油消耗。车辆节能改进主要技术要点见表 2-2。

车辆节能改进技术要点　　　　　　　　　　表 2-2

	节能技术	技术要点
车辆节能技术	汽车轻量化技术	通过选用轻质材料降低车身重量,有效地降低滚动阻力
	降低空气阻力技术	车辆装备驾驶室顶导流板、车顶整流罩、底盘裙边、驾驶室延伸等装置,降低车身风阻系数,减少空气阻力造成的能量损失
	节能轮胎	采用低行驶阻力的轮胎,减少滚动阻力造成的能量损失
	低黏度润滑油	采用低黏度的机油并适当进行机油温度控制,减少发动机的摩擦损失
发动机节能技术	废气涡轮增压技术	利用发动机排出废气的惯性冲力使进气道的空气进入汽缸。空气的压力和密度增大可以燃烧更多的燃料,相应地增加燃料就可以增加发动机的输出功率
	高压共轨技术	利用高压油泵将高压燃油输送到公共供油管,通过提高喷射压力和喷射次数,优化燃油喷射过程,提高燃油效率,减少废气排放
	发动机热管理系统	使发动机在工作循环时,保持在最佳温度,发挥最佳工作效能,燃油消耗保持在较低水平
	发动机复杂智能驱动	通过对冷却水泵、空气压缩机、真空助力泵、冷却风扇和空调系统等发动机负载实施电驱动化,减少发动机负载造成的能耗
其他	车载智能终端	通过对车辆运行状态的实时监控和提醒,改善驾驶员的驾驶习惯,提高运输组织效率和优化行车路线

3）国内应用现状

目前，我国关于车辆节能改进尚没有统一性的政策，但在积极进行一些地方性的实践。2008年，成都公交集团加大科技投入力度，通过对公交车设施设备技术的升级，不断提高节能减排水平。对普通压缩天然气（Compressed Natural Gas，CNG）公交车车用减压阀进行升级换代，达到更好、更及时的减压供气效果；车辆轮胎采用真空胎，凭借其滚动阻力小、转动惯量轻的特点降低车辆能耗；采用发光二极管（Light-emitting Diode，LED）灯具，在满足照明需求的同时，有效降低设备的用电量；散热器使用电磁风扇离合器，使发动机迅速升温，以降低能耗，并减少低温时的功率消耗；整车采用二级踏步设计，通过加快乘客上下车速度减少车辆怠速运转时间，从而减少不必要燃料耗费；安装废气加热水暖装置，实现废气加热，从而达到节能的目的。2009年，石家庄公交总公司根据市政府节能环保工作要求，组织对老旧车辆技术改造，通过更换进口高压油泵、进口喷油嘴、废气涡轮增压器、改造进气管路等技术手段，治理废气超标排放车达600余辆，减少燃料消耗313t，减少污染物、颗粒物排放12.5t。

2.3.4 税费制度

1）措施内涵解析

税费制度主要包括两个种类：机动车碳税和燃油税。前者针对车辆购置环节征收，基于单位行驶里程碳排放水平确定税率，一般情况下碳排放水平越高，碳税税率也就越高。后者是指政府对燃油在零售环节征收的专项性质的税收，是针对车辆使用环节收取的费用。通过征税的办法从燃油费中提取一定比例的资金作为养路等费用。其基本原理是：车辆类型及行驶里程长短、载货量大小是与耗油量的多少紧密相连的，耗油越多说明其享有的使用道路的权利越多，相应的碳排放量也越高。对机动车碳排放和燃油使用征税，目的是引导消费者购买和使用小排量机动车，降低机动车碳排放量。

如图2-10所示，税费制度的本质在于通过将车辆排放污染造成的负外部性内部化货币化，从而引导人们的购置和使用车辆行为。通过提高机动车碳税和燃油税影响企业和个人的车辆购置行为，使人们更倾向于购置低能耗低排放车辆，从而提高低能耗车辆的比例，达到节能减排的目，同时也产生了减少废气污染物排放量的协同效益。

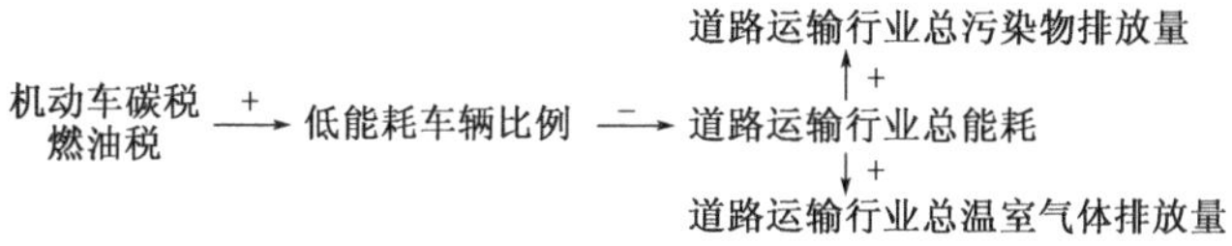

```
机动车碳税                      道路运输行业总污染物排放量
            + 低能耗车辆比例  →  道路运输行业总能耗
 燃油税                         道路运输行业总温室气体排放量
```

图 2-10 税费制度节能减排机理

2）国外应用案例

在欧洲，自芬兰于 1990 年首次实施碳税政策后，奥地利、比利时（瓦隆区）、丹麦等欧洲国家都开始征收机动车碳税。而在非欧洲地区，如加拿大、美国、南非等也有与碳排放相关的税收措施。值得注意的是，法国、美国、加拿大和南非采用的是基于碳排放量的机动车税收体系。燃油税征收政策相较于碳税政策有着更悠久的历史，最初由英国于 1909 年开始征收，现在已经成为世界上各国广泛征收的税种。

OECD 成员国机动车一次性碳税税率差别较大，奥地利、荷兰、挪威和葡萄牙属于碳税税率较高的国家，并且税率增加很快，在碳排放水平达到 400g/km 时，每辆车的碳税平均税率达到 3.9 万欧元，其中挪威最高达到 6.5 万欧元（400g/km），这一碳税税率对于机动车来讲已经相当高了。加拿大、丹麦、芬兰、法国、爱尔兰、西班牙和美国的碳税税率水平较低，这 7 个国家的碳税税率在碳排放水平达到 400g/km 时，每辆车平均税率仅为 2838 欧元。

在征收机动车碳税的国家中，法国对于私家车和商用车碳税征收政策差异较大。法国商用车的机动车碳税水平最高，并且增长速度很快，在碳排放水平为 380g/km 时达到 922 欧元/t CO_2，几乎是欧洲碳排放市场 CO_2 最高价格的 20 倍；而法国私家车碳税相比之下要低得多，在 380g/km 排放水平时为 66 欧元/t CO_2。这可以很好地解释实施机动车碳税政策后几年法国政府和企业纷纷更换小排量汽车，排量较大的四驱车在法国的销售量一路下滑的现象。2008 年法国的道路交通碳排放量达到了 2000 年的水平，这也说明了机动车碳税政策的有效性。机动车碳排放是发达国家减排的核心领域之一，对其征收碳税不存在工业碳税影响企业竞争力和碳泄漏的问题，同时有利于减少机动车废气污染物排放，环境协同效应明显，因而尽管存在许多批评声音，机动车碳税政策却在发达国家越来越受欢迎。

英国于 1909 年在世界上首先开征燃油税，以控制燃油的消耗量和加强对环境的保护，且税率设置较高。英国对汽油的税收相当高，汽油税一般包括燃料税和增值税，燃料税占的比例最大。2000 年汽油价格为 85 便士/L 时，其中生产成本与利润为 21.7 便士，大约51便士是燃料税,12.3便士是增值税。从2007年10月1日开始,英国燃油税(包括汽油和柴油)税率为2.2890英镑/UKgal,生物柴油和生物乙醇为每英制加仑1.3797英镑。此外,英国燃油还必须缴付增值税,现行税率为油价的17.5%。在英国,农民及施工车辆使用的柴油被染成红色,税率较低。国际航空燃油既不缴付燃油税,也不缴付增值税。由于英国的燃油税率比美国高约8倍,使得英国的燃料价格高于美国3倍多,同时,数据表明英国机动车年均汽车公里数比美国少大约20%,二者之间存在一定的相关性。

美国俄勒冈州于1919年开征汽车燃油税,1929年所有的州都已开征了燃油税。虽然各州和联邦政府均已开征燃油税,但政策却各不相同。美国的燃油税主要是应筹集道路建设资金的需要而产生的,实际上就是道路使用费。燃油税作为美国政府公路资金收入的主要来源,为其公路建设募集了大量的资金。2008年第一季度,各州汽油的燃油税平均税率为0.286美元/USgal,再加上0.184美元/USgal的联邦税,汽油总税率为0.47美元/USgal,折合为0.56美元/UKgal。柴油的燃油税各州平均为0.292美元/USgal,再加上0.244美元/USgal的联邦附加税,柴油合计税率为0.536美元/USgal,折合为0.643美元/UKgal。

3)国内应用现状

我国目前尚未实行机动车碳税政策,但实施了车船税。2006年颁布并于2007年1月1日实施的《中华人民共和国车船税暂行条例》规定了车船税基于排量大小税率递增,主要目的之一是节能环保。然而有关研究将车船税折算为碳税水平,即当我国机动车碳排放水平为160g/km时,车船税相当于碳税水平11元人民币/t CO_2,这一水平不仅远低于欧洲国家机动车碳税水平,而且只相当于我国近年讨论的碳税方案的低水平方案。

我国已经开征燃油税,这是对我国境内行驶的汽车购置用的汽油、柴油所征收的税,实际就是成品油消费税。这是费改税的产物,是取代养路费而开征的,这更多地体现了"多用多缴,少用少缴"的公平原则。有关人士表示,开征燃油税有利于节能减排技术的推广,能够鼓励人们使用更加省油、环保的汽车。

2.3.5 生态驾驶推广

1)措施内涵解析

生态驾驶(Eco-driving)是指优化货车驾驶员的驾驶行为,如缓慢提速、提前减速、尽量避免猛踩加速踏板和紧急制动等。这些措施对于职业驾驶员而言节能减排的效果往往是十分显著的。已经有一些国家对货车驾驶员在驾驶模拟器上进行驾驶行为的培训,还有一些国家开始逐渐在驾驶员培训考试的课程中加入生态驾驶的内容,提倡养成良好的驾驶习惯,从而起到节能减排的效果。

如图2-11所示,生态驾驶推广优化了驾驶员的驾驶行为,减少了"大脚踩油门"等耗能的行为,从而降低了单位里程或周转量的能耗和污染物、温室气体排放量。

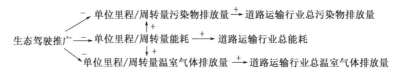

图2-11 生态驾驶推广节能减排激励

2)国外应用案例

生态驾驶于20世纪末由芬兰提出,现在大部分发达国家和地区均对生态驾驶十分重视,并已经开展了大量的推广工作,其操作种类见表2-3。德国地方政府环保局通过与生态驾驶培训公司合作,每年定期组织举办培训班,对大型公司和企业的职业驾驶员进行培训。日本政府联合汽车驾驶学校、节能中心等机构对职业驾驶员进行生态驾驶培训,并分发生态驾驶手册;对于新驾驶员,已将生态驾驶编入驾驶员培训教材,力图培养新驾驶员的良好习惯。日本国土交通省、环境省等联合设立了"生态驾驶促进联络委员会"以促进生态驾驶的推广。一些国家和地区还对生态驾驶提供了法律上的保障,例如,多伦多规定怠速3min之内要停车熄火。

生态驾驶操作种类 表2-3

序号	生态驾驶操作	国家
1	选择合适的车辆	瑞士
2	定期维护	瑞士、日本
3	经常检查轮胎气压	英国、德国、日本
4	保持发动机的经济转速	英国、荷兰
5	不让发动机高速空转	日本
6	不急起步、急加速	瑞典、日本
7	冷起动后马上行车	英国
8	尽可能使用高速挡	荷兰、德国、日本、瑞士
9	快速换挡	德国、日本
10	保持稳定车速(经济车速)	英国、荷兰、德国、日本、瑞士

续上表

序号	生态驾驶操作	国家
11	汽车减速滑行	荷兰、德国、日本、瑞士
12	长时间停车熄火	英国、德国、日本、瑞士
13	预见性停车	德国
14	合理使用空调	英国、德国、日本
15	减少空气阻力	英国、瑞士、德国
16	避免短途行驶	英国
17	减轻车辆自重	德国、日本
18	预测道路交通条件	英国、瑞士、荷兰
19	保持安全车距	德国
20	计划行程	英国、瑞士、日本

尽管现有的研究普遍认为,生态驾驶培训一般可以减少5%～15%的能源消耗,但研究还指出,如果仅进行一次性培训,而没有对驾驶者进行后续的再培训,那么其效果会大打折扣,因为驾驶者会逐渐恢复原先不良的驾驶习惯。通过系统的后续培训,可以持续产生约10%的节能效果。美国、欧洲以及日本等国家和地区都在不同程度地进行汽车驾驶节能方面的研究,并付诸实施。

美国在20世纪初的研究发现,即使是车辆技术状况良好,不同的驾驶员驾驶车辆油耗相差也会比较大。美国近年来开展了驾驶员节能驾驶培训计划,该计划初期在货物运输行业实施,节能效果十分显著。福特节能环保驾驶(Economical and Ecological Driving)项目基于对驾驶相关的心理、社会学和道德教育细节的深入分析,针对职业驾驶员、一般驾驶员、驾驶教练员3个群体设计了3个方面的主要计划,来研究驾驶方式对每公里燃油消耗和碳排放量的影响。福特公司开展的系统研究得出的关键结论是:节能环保驾驶行为比正常的驾驶行为节省燃油和减少温室气体排放量达25%,这意味着驾驶员在行驶时间没增加的情况下,驾驶操作上的一点变化,对车辆燃油经济性产生很大的影响。货运驾驶员节能驾驶培训计划作为2004年美国环保局倡导的清洁货运战略的重要内容,其目标是提高燃油效率,帮助驾驶员认识和改变耗油的不良驾驶习惯。该计划的实施能提高货运企业驾驶员的驾驶技能,增加其驾驶知识,规范其驾驶操作等,帮助货运企业节省燃油和降低温室气体排放。驾驶培训计划的实施使燃油经济性提高5%,每年每辆车节省燃油成本1200美元,减少8t温室气体的排放。即使是具有丰富经验的货车驾驶员,也能通过驾驶员节能驾驶培训计划提高自己的驾驶技能和驾驶水平。

欧洲自1980年起就开始关注驾驶方式对燃油消耗的影响。研究显示,即使非极端的驾驶行为,由于驾驶方式的不同,耗油量的差异也可达 10%。鉴于此,欧洲各国逐渐将生态驾驶纳入驾驶员培训,并设定了相关的考试项目。生态驾驶的培训不仅可以降低 5% 至 15% 的耗油量和废气排放,而且有助于预防交通事故、减少车辆磨损,甚至对驾驶员的身心健康也有益。

日本丰田汽车公司经研究提出,实现环保节能驾驶的三个关键因素是汽车、交通环境以及驾驶员,其中,作为最重要因素的驾驶员不但要有良好的驾驶技术,还需要有良好的节能环保意识。2006 年,日本就推出环保效益驾驶计划(Environmentally Efficient Driving)。2007 年,日本提出"生态驾驶"的概念,号召人们改善日常驾驶技巧,以减少汽车燃油消耗和废气排放量,并将每年 11 月定为"生态驾驶月"。据日本经济产业省资源能源厅介绍,从推广生态驾驶前后的测试结果来看,大部分驾驶员能将耗油量和废气排放量减少 20% 左右,表现上乘者甚至可减少 40%。生态驾驶的要点在于柔和地控制速度,并关注一些容易忽视的驾驶操作细节。

3) 国内应用现状

我国已经有一些大型运输企业采取各种办法开展节能降耗,在优选节油车辆、加强车辆维护等的同时,也结合安全教育对驾驶员开展驾驶节能教育、培训。事实证明,这些节能措施的实行为企业带来了可观的经济效益。例如,某公司通过开展相关教学活动,使所有驾驶员不但理解驾驶节能理论知识,还了解了不同驾驶条件下的节能操作技巧,该公司还针对驾驶员的驾驶操作习惯总结出了数个驾驶节能操作要求,编写了相关培训教材,通过较小的投入为公司带来了可观的经济效益。

不过,目前我国的生态驾驶推广仅是企业自主行为,尚缺乏统一的道路运输行业驾驶员生态驾驶培训实践。一些驾驶员组织、汽车经销商也进行了一些生态驾驶的宣传和教育,但是相当一部分人对其长期收益仍然不太了解,对生态驾驶缺乏信任或者不以为意。此外,目前我国驾驶技能培训和考试也没有设置生态驾驶方面的内容,仅停留在必要的安全驾驶技能、运输知识培训层面。

2.3.6 物流现代化建设

1) 措施内涵解析

物流现代化意味着由传统物流的非标准化、人工作业和纸质单据传递,向标准化、自动化、信息化发展,是提升交通运输服务能力和水平、促进现代物流业发展、推广节能减排的重要举措。物流的现代化建设包括推广先进的信息平台、提供高效专业的运输车辆、优化物流包装环节、建设先进的公路收费管理系统等。信息化是现代物流与传统物流的本质区别,强调了"信息"是第一要素,它取代了传统物流的第一要素——"运力"的地位。物流信息在物流活动中具有十分重要的作用,通过物流信息平台对物流信息的收集、传递、存储、处理、输出等,成为决策依据,对整个物流活动起指挥、协调、支持和保障作用。如图2-12所示,通过物流信息化平台建设、大力发展第三方物流,提高货物包装工艺,引入专业高效的货运车辆,有助于提高物流参与方的工作效率,降低货运车辆的空载率,从而降低了单位周转量能耗,最终达到节能减排的目的。物流现代化措施日趋成熟,社会效益显著,生态效益明显,经济效益正在逐步显现,在道路货运行业具有广泛的应用价值。

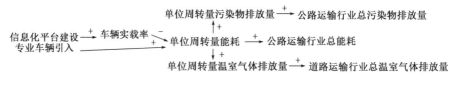

图 2-12　物流现代化节能减排机理

2)国外应用案例

美国与欧洲的现代物流非常强调企业信息系统的开发,而且目前在这方面已经十分发达。同时,它们的社会信息化水平也相对较高,社会公共物流信息服务网络也比较健全,有发达的智能交通信息系统等。在美国与欧洲,一些实用的物流信息技术正飞速发展,并逐步在企业中得到推广应用。

美国作为物流理念的发源地,其物流研究、设计和技术开发一直处于世界前沿,有十分成熟的物流管理经验和发达的现代物流体系。无论政府还是企业,都对物流现代化建设高度重视,2004年,美国运输部基于多年的"无纸化货运"理论与实践,开展了"电子货运管理倡议"(Electronic Freight Management Initiatives)项目。该项目的目的是构建开放的平台,加强政府与企业的合作,从而提高整条供应链的作业效率,达到节能减排的目的,同时还可以增强货物运输的安全性。同样,美国企业也纷纷将物流信息化作为物流合理化的一个重要途径,普遍采用条形码技术和射频识别技术。因此,十几年期间,美国的公路空驶率从20%左右降至现今的10%以下,其关键就在于应用了信息管理技术,尤其是企业资源计划(Enterprise Resource Planning, ERP)技术、地理信息系统(Geographic

Information System,GIS)、全球定位系统(Global Positioning System,GPS)技术和通信技术。美国企业物流优化的一个重要途径是将物流服务外包给第三方物流公司。美国第三方物流市场规模由1996年的308亿美元上升到2002年的650亿美元,只占物流服务支出的9.3%,增长潜力巨大。根据抽样调查,第三方物流公司的客户物流成本平均下降了11.8%,物流资产下降了24.6%,订货周期从7.1d下降到3.9d,库存总量下降了8.2%,说明美国第三方物流公司的作用已从单纯的降低客户物流成本转变为多方面提高客户服务水平,而实现这一转变的前提是美国的第三方物流公司已从提供运输、仓储等功能性服务向提供咨询、信息和管理服务延伸,美国联合包裹运送服务公司(UPS)、联邦快递(FEDEX)、美国集运物流(APLL)、莱德物流公司(RYDER)等一批物流公司致力于为客户提供一体化解决方案,并与客户建立战略合作伙伴关系。美国是全世界推行甩挂运输较早的国家之一,也是世界上甩挂运输发展规模较大和管理体系较完备的国家之一。由于美国的带动,北美自由贸易区各国货车运输普遍采取甩挂运输方式。美国甩挂运输货运量占道路货运量的80%以上。甩挂运输一般以整车点到点的运输为主,中途不配载。甩挂运输的拖头和挂车的比例大多为1∶3,其中一个挂车正在装货,一个挂车在运输过程中,一个挂车保持空箱等待装货,同时系统考虑综合运输的因素。

　　物流现代化和生产现代化是日本战后经济发展的两个"车轮"。日本的物流概念于20世纪50年代从美国引进,随后发展非常迅速。日本无论在政府对物流的重视程度和企业对物流的管理方面,还是在物流基础设施、现代化物流发展水平方面,均不亚于欧美国家,是现代物流管理的先进国家。日本的现代化物流体系基于先进的电子信息技术,几乎所有的专业物流企业都通过计算机信息管理系统来处理和控制物流信息;在订货、库存管理、配送等方面,广泛使用物流联网系统、电子数据交换系统、无线射频识别等。这些技术使得日本的物流效率高、成本低、服务优,为其经济社会发展提供了强有力的支撑。

　　同时,还有许多国家采用了多车道自由流不停车收费系统,指通行征收区域内允许车辆自由行驶,及允许车辆超车和换道,无须车辆减速便能够自动完成收费工作的收费系统。该系统在国外一些发达地区已经得到比较成功的应用,一般采用专用短程通信(DSRC)技术,如美国的电子收费系统(E-ZPass)、加拿大的407号公路自动收费系统、新加坡的电子道路收费系统(Electronic Road Pricing System)等。E-Zpass是美国东北部城市使用的一个收费系统,它使用射频识别技术,可以让驾驶员在通过收费亭的时候不用停车就可以交费。

3）国内应用现状

我国物流现代化建设起步较晚,因此还有很大的发展潜力。1999 年,我国货运空驶率平均为 49%,物流费用占商品总成本的比重高达 40%,在货物运输过程中,由于人为和技术因素的影响,每年直接损失超过 500 亿元人民币。其中,由于运力不足和运力浪费这两种矛盾现象造成的直接损失达到近 100 亿元人民币。目前,我国货运车辆空驶率仍在 40% 以上,美国则为 10% 以下,相比之下有较大的差距。我国物流业的信息化建设正进入一个加速发展的时期,管理软硬件将更加专业化。一些物流信息化平台逐步上线,例如河南物流信息系统已经辐射了全省运输行业,提高了运输效率和服务水平。根据《2023 年中国物流信息化行业全景图谱》数据显示,随着我国"十四五"规划的出台,物流信息化企业的技术研发水平不断提高。我国物流信息化行业市场规模从 2014 年的 212.5 亿元增长至 2021 年的 642.8 亿元,年复合增长率达 17.12%。近年来,我国的物流信息平台迅速发展,出现了一些在国内乃至国际上都具有影响力的领先企业,如顺丰、京东物流等。而一些区域性的物流信息平台,尽管在地域内有着一定的影响力,但其服务范围和提供的服务内容相对有限。总体来看,我国物流行业的信息化和技术化趋势明显,但在节能减排等方面仍存在一定的潜力和提高空间。

甩挂运输在中国的普及率较低,未来发展空间较大。牵引车与半挂车比例达到 1∶3 最合理。截至 2021 年,中国的牵引车与半挂车比例仅为 1∶1.2,牵引车仅有 18 万辆,而美国的比例达是 1∶3,新加坡则高达 1∶7。当前,中国部分企业已经开展了甩挂运输试点。以山东某物流公司为例,其甩挂运输试点线路实施后,运输效率提升了约 27%。此外,甩挂运输的节能减排效果已经得到了验证,甩挂运输车辆与小型单体货车相比,可以节约 20%~30% 的运输成本,减少 85% 左右的道路交通量,降低 31%~46% 的油耗,降低经济成本 29%,提高燃油效率 32%。因此,我国未来货运行业甩挂运输的发展对于助力节能减排工作具有十分广阔的前景。

2.3.7 机动车报废管理

1）措施内涵解析

机动车报废管理分为强制报废高能耗高污染车辆政策和非强制性的鼓励性措施。前者对达到国家报废标准,或者虽未达到国家报废标准,但发动机或者底盘严重损坏,经检验不符合国家机动车运行安全技术条件或者国家机动车污染物排放标准的机动车进行强制报废。后者主要是国家或地区推广的替换老旧车辆活动,通过政府财政补贴等方式淘汰还未达到报废标准但能耗和排放高的车辆。机动车报废措施可以减少老旧机动车因技术落后而产生大量燃油消耗和大量污染物排放,特别是高油耗高排放的公路货运车辆。如图2-13所示,其节能减排的本质在于,由低能耗低污染的新车辆代替高污染高能耗的车辆,从而达到减少道路运输行业总能耗和排放量的目的。

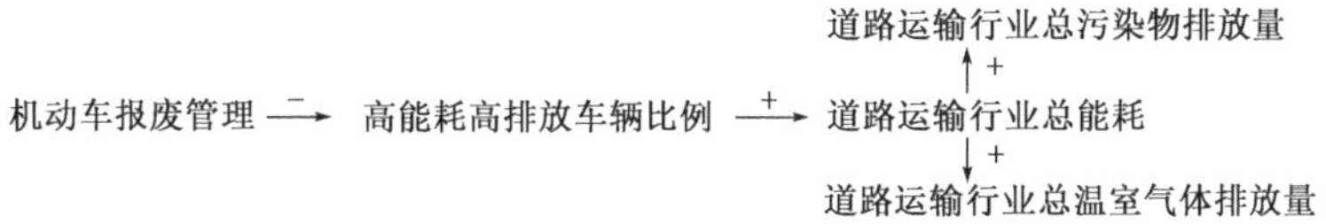

图 2-13 机动车报废管理节能减排机理

2)国外应用案例

很多国家均实施了相应的机动车报废管理制度,传统汽车工业发达的国家和地区在机动车报废管理方面经验丰富,制度也较为完善。2000年,欧盟发布《报废汽车指令》(End-of-Life Vehicles,ELV),开始将报废车辆的回收利用纳入法治化管理体系。该指令规定,汽车制造厂商的新车在欧盟国家上市前,必须证明该新款汽车的材料回收率至少要达到85%(按重量计),可利用率至少为95%,才能获得市场准入许可证。2007年1月1日起,欧盟成员国开始全面执行该指令。这一指令在欧洲范围内推动了旧车分解及粉碎业务的发展。许多欧洲国家将报废车辆回收的责任交由汽车制造商和产品进口国来承担,报废汽车所有者无须支付处理旧车的费用。

在亚洲国家,老牌汽车生产国日本和韩国在汽车报废管理方面的措施比较有效。2005年日本颁布了《汽车循环法案》。该法案规定,日本消费者要在购买新车时缴纳回收再利用费,并要求在用车辆在法律实施后3年内缴纳回收再利用费。有了立法作为后盾,日本政府将2015年实现95%的回收利用率确定为汽车回收利用发展的目标。为此,许多制造商在设计和制造汽车时也将易于循环利用这一因素考虑在内。韩国的汽车报废标准分为营运车和私家车两种情况,对营运车实行规定报废年限的强制报废制度,对私家车则无报废年限规定。具体规定为:公共汽车的报废年限为10年,个人出租汽车为5年,公司出租汽车为3年,对行驶里程没有限制。主要通过年检来对汽车的安全及技术状况进行监督和管理。韩国报废汽车回收拆解主要由专门的废车回收拆解公司负责。除废车回收外,拆解、压块及废钢铁加工等都在拆解企业完成。拆解下来的旧零部件继续流通销售,车身压块及经过初加工的废钢铁则销售给钢铁企业。

除了出台相应的法律法规之外,一些国家和地区还组织了一些替换老旧车辆的活动。2009 年,智利政府斥资 730 万美元发起了一项名为"替换货车"(Change Your Truck)的活动,该活动旨在替换 500 辆车龄超过 25 年的货车,这些货车占智利国内 25 年及以上车龄货车数量的 4.5%。在这 500 辆货车中,有 230 辆在 2009 年被替换,余下的 270 辆则在 2010 年被替换。虽然该政策在推广实施的过程中不可避免地需要增加政府的补贴投入,但是其节能减排的效果是显而易见的。

3) 国内应用现状

我国机动车相关报废标准始于 1997 年 7 月 15 日发布的《汽车报废标准》,之后其中的一些内容几经修订。2013 年《机动车强制报废标准规定》出台,国家明确根据机动车使用和安全技术、排放检验状况,对达到报废标准的机动车实施强制报废。国家和地方政府加强了对应该淘汰的黄标车的报废管理。为贯彻落实《大气污染防治行动计划》和 2014 年《政府工作报告》的要求,2014 年国务院办公厅印发《2014—2015 年节能减排低碳发展行动方案》,将 2014 年黄标车及老旧车淘汰任务分解下达到全国 31 个省(区、市),共淘汰黄标车及老旧车 600 万辆,约占剩余总量的 46%。此外,各省(区、市)也制定了一系列黄标车淘汰政策,通过政府给予淘汰补贴、黄标车限时限区域行驶、要求车主加装后处理设备、排放检验合格后换发绿标等一系列措施加快黄标车的淘汰进程。2015 年 12 月中旬,环保部公布的数据显示,全国提前完成了 2015 年黄标车淘汰工作的既定目标,其中:宁夏、安徽、湖南、湖北、山西、广西、广东、云南、甘肃、重庆等 10 个省(区、市)已提前超额完成黄标车淘汰任务;天津、西藏、青海、贵州、江西、福建、北京等 7 个省(区、市)提前完成淘汰任务;四川、浙江、新疆、辽宁、吉林、陕西、山东、河南、黑龙江、内蒙古等 10 个省(区)完成黄标车淘汰任务总量的 90% 以上。截至 2020 年上半年,全国累计淘汰黄标车和老旧车 2000 多万辆,带动新车消费 3.5 万亿元人民币。

2.3.8 新能源汽车推广

1) 措施内涵解析

新能源汽车是指使用除传统化石燃料之外的所有其他能源的汽车,包括混合动力汽车(HEV)、纯电动汽车(BEV)、燃料电池电动汽车(FCEV)、氢发动机汽车、其他新能源(如高效储能器、二甲醚)汽车等。目前,全球已就发展新能源汽车的技术路线图形成共识,即遵循油电混合动力汽车-纯电动汽车-氢燃料电池汽车的发展过程。发展新能源汽车、培育新能源汽车产业被认为能减少空气污染和缓解能源短缺,同时也是当今世界发展的潮流,正在成为许多国家和地区在道路交通领域应对气候变化的一项战略选择。

新能源汽车由于采用清洁的能源,所以其排放因子较小,甚至为 0。如图 2-14 所示,推广新能源汽车实质上提高了低排放车辆的比例,从而达到降低道路运输行业污染物排放总量和温室气体排放总量的目的。

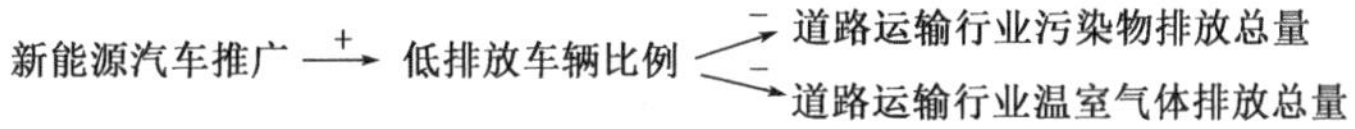

图 2-14　新能源汽车推广节能减排机理

2）国外应用案例

美国、日本、欧洲等发达国家和地区对新能源汽车技术高度重视,将其视为提升能源安全水平、改善城市环境和缓解全球变暖问题的重要技术途径。各老牌汽车工业国家从汽车技术变革和产业升级的战略出发,均制定了具体的发展目标和颁布了一系列优惠政策措施,积极促进本国新能源汽车工业发展。国外典型国家与我国新能源汽车推广目标对比见表 2-4。

国外典型国家与我国新能源汽车推广目标对比　　　　表 2-4

国家	规划时限	新能源汽车产销目标	新能源汽车类型
美国	2030 年	零排放汽车将占美国乘用车和轻型货车新车销量的 50%	纯电动汽车、插电式夹杂动力汽车、燃料电池车
日本	2020 年	200 万辆(年销量)	纯电动汽车(80 万辆)、混合动力汽车(120 万辆)
	2030 年	年销量占比为 70%	不详
英国	2015 年	24 万辆(保有量)	纯电动汽车
法国	2020 年之前	200 万辆(累计产量)	清洁能源汽车
韩国	2015 年	120 万辆(产量,10% 世界纯电动汽车市场)	纯电动汽车
	2020 年	小型纯电动汽车普及率 10%	纯电动汽车
德国	2020 年	100 万辆(保有量)	纯电动汽车
	2030 年	500 万辆(保有量)	纯电动汽车
中国	2015 年	50 万辆(产销总量)	插电式混合动力汽车、纯电动汽车
	2020 年	500 万辆(产销总量)	插电式混合动力汽车、纯电动汽车

近几年,美国政府在研发领域的投入重点开始转向混合动力汽车、纯电动汽车和某些代用燃料汽车。2004 年前后,混合动力汽车进入商业化推广阶段。2007 年,美国规定消费

者购买通用汽车、福特丰田、日产等公司生产的符合条件的混合动力汽车,可以享受250~2600美元的税款抵免优惠。2008年美国混合动力汽车销量为32万辆,占美国汽车总销量的2.3%左右。奥巴马政府斥资140亿美元支持动力电池关键零部件的研发和生产以及充电基础设施建设,施行消费者购车补贴和政府采购政策。美国能源部于2013年1月发布《电动汽车普及计划蓝图》,计划用10年时间,通过技术创新方式提高纯电动汽车(BEV)和插电式混合动力汽车(PHEV)的性价比和市场竞争力。2021年8月,拜登政府提出到2030年,零排放汽车将占美国乘用车和轻型货车新车销量的50%。此处的零排放汽车包括纯电动汽车、插电式混合动力汽车和燃料电池汽车,与我国新能源汽车的范围一致。这些计划形成了美国新能源汽车产业化和市场化的主要驱动力。

日本已经在混合动力系统的低燃耗、低排放和改进行驶性能方面走在了世界前列,在全球混合动力汽车市场上占据主导地位。丰田普锐斯(Prius)和本田英赛特(Insight)均为混合动力汽车市场上的热门车辆。为进一步推进新能源汽车以及环保汽车,日本从2009年4月1日起实施"绿色税制",它的适用对象包括纯电动汽车、混合动力汽车、清洁柴油车、天然气汽车以及获得认定的低排放且燃油消耗量低的车辆。为激励汽车企业改进和开发新能源汽车,政府用车必须全部使用"低公害车"。为促进混合动力汽车、电动汽车产业发展,尤其是其核心技术——锂电池技术的研发,日本经济产业省(简称"经产省")所属的新能源产业技术综合开发机构(NEDO)成立了"All Japan"体制。除丰田、日产等多家汽车厂商外,三洋电机等电池企业及研究机构共同参与,对新一代锂电池技术进行攻关。2014年11月,日本经产省发布《汽车产业战略(2014)》,提出要"加速下一代汽车的普及,努力实现《下一代汽车战略(2010)》的普及目标"。针对下一代汽车普及中遇到的具体问题,从继续实施购置补贴、加速居民区及公共充电设施建设、继续推进示范推广项目、完善充电和加氢价格体系、加快加氢站建设等方面部署了多项行动措施。2018年3月,为应对汽车产业互联、自动驾驶、共享、电动化(CASE)变革,保持日本汽车产业竞争力,引领世界创新,并贡献日本治理环境和交通拥堵问题的经验,日本经产省组织成立汽车新时代战略委员会(简称"汽委会"),由来自国际咨询公司、日本汽车企业、科研院所、行业协会、非营利性机构等组织的15位委员组成。日本经产省已就日本汽车未来发展问题组织汽委会及其他汽车相关部门召开多次会议,提出了面向2050年的xEV战略,"xEV"概念包括BEV、PHEV、HEV、FCEV等4类电动汽车,强化了对"电动化"的支持。提出到2050年,日本车在全球市场争取实现温室气体减排80%,其中乘用车减排90%左右,xEV减排100%(与2010年相比),力争实现"Well-to-Wheel Zero Emission(油井到车轮零排放)"。为此,日本提出加快战略应对、促进电池等技术革新、完善基础设施、充分提高xEV性能及消费吸引力、加强国际协调能力、构建与电池供应链相关的社会系统等措施。

英国政府在2010年度预算案中提出"绿色复苏"计划,其核心是挑选2~3个城市作为仅使用电动汽车的纯绿色城市,重点推动普及电动汽车;在全国范围内建立一个充电网络,保证电动汽车能在路边充电站及时充电;为放弃污染较高旧车、购买清洁能源车的消费者提供每辆车2000英镑的补贴。英国气候变化委员会提出的先导计划是,到2015年推广使用24万辆各种类型的电动汽车,并需要对电动汽车进行补贴,在2014年前每辆车补贴5000英镑。英国运输部2010年3月发布私人购买纯电动汽车、插电式混合动力汽车和燃料电池汽车补贴细则,该项补贴于2011年1月起到2014年生效,其间总共安排2.3亿英镑,单车补贴额度大约为车辆推荐售价的25%,但不超过5000英镑;2017年至今,英国电动汽车支持政策体系进一步完善,支持标准进一步加严,先后发布《英国道路近旁氮氧化物减排计划》和《零排放之路》,进一步明确了2040年停止传统燃油车新车销售的规划愿景。其中,《零排放之路》从明确分阶段规划愿景、制定针对重型货车的排放标准、提供研发资金支持、扩大现有购置补贴、激励安装充电设施等方面提出了目标具体、方案完备的"零排放汽车"政策体系。在这一阶段,英国也建立了覆盖主要使用场景的充电基础设施激励政策,进一步加严了可享受购置补贴、税收优惠、超低排放区豁免政策车辆的碳排放标准。

3)国内应用现状

近年来,中国在新能源汽车的推广方面取得了显著成就。相较其他各国的新能源汽车推广情况,我国近年新能源车辆推广总量要高出许多,但目前还存在一些问题,例如:新能源汽车续航里程和性能等方面仍需改进,过度依赖政府补贴和政策支持,充电基础设施不足和维修成本较高等。这些问题对新能源汽车市场的拓展产生一定影响。

2.4 交通排放减排潜力分析

2.4.1 长期能源可替代规划系统(LEAP)

1)政策评估模型

城市低碳交通政策评估是对不同预设政策下的交通碳排放情况进行分析,并对各项政策的作用效果进行评定。此类政策评估一般需要借助建模等手段,将具体政策描述转化为定量分析参数,并对城市交通能源需求总量和能耗结构进行科学的定量预测,最后通过不同能源对应的碳排放系数得到城市交通碳排放量。长期能源可替代规划系统(Long-range Energy Alternatives Planning System,LEAP)模型就是其中应用较为广泛的一种。

  LEAP 模型是一个基于情景分析的自下而上的能源-环境核算工具,由斯德哥尔摩环境研究所与美国波士顿大学共同开发,其应用程序界面如图 2-15 所示。它对各种具体的技术、工艺流程都有比较详细的描述,在评估资源生产技术的替代效应方面有很高的可信度,清晰地说明了资源消耗、温室气体排放的变化机理,以及是什么技术的引进导致了资源消耗和温室气体或污染物排放变化等。LEAP 模型可以用于情景分析和核算,在能源情景规划方面得到广泛应用。在交通排放情景分析方面,Rabia 等应用 LEAP 模型对拉瓦尔品第和伊斯兰堡机动车 2000—2030 年的能耗和排放进行了情景分析,并提出了可以减少能耗和污染物排放的优化的交通政策方案。Sadri 等利用有限的数据对发展中国家的交通部门的长期能源环境规划进行了情景分析,结果表明公交优先的发展模式是节能减排效果最好的发展模式。

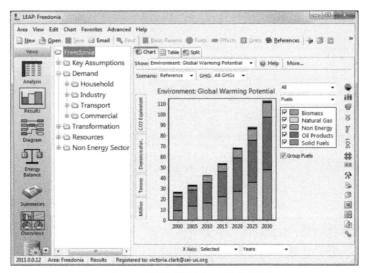

图 2-15 LEAP 模型应用程序界面

2)LEAP 模型构架

  LEAP 模型含有专门的交通模块,在进行能源需求预测时,其数据结构可按 4 个等级建立,即部门、子部门、终端使用和设备(按能源利用类型分类),如图 2-16 所示。将交通作为研究对象,我们需要综合考虑未来城市交通发展模式和低碳政策的影响范围。活动水平作为衡量交通活动活跃程度的重要指标,对于计算各种交通方式的能耗和排放具有关键作用。与数据结构的4个部门等级相对应，LEAP模型的能源需求模块将城市交通部门的能源需求分解为以下4个活动水平并进行能耗核算：

(1) 部门活动水平：客运交通周转量(人·km)或货运交通周转量(t·km)。

(2) 子部门活动水平：道路交通和轨道交通在各部门周转量中所占的比例。

(3) 终端使用活动水平：不同类型交通工具在各子部门客(货)周转量中所占的比例。

(4) 设备活动水平：不同动力/燃料类型交通工具在该型交通工具中所占的比例。

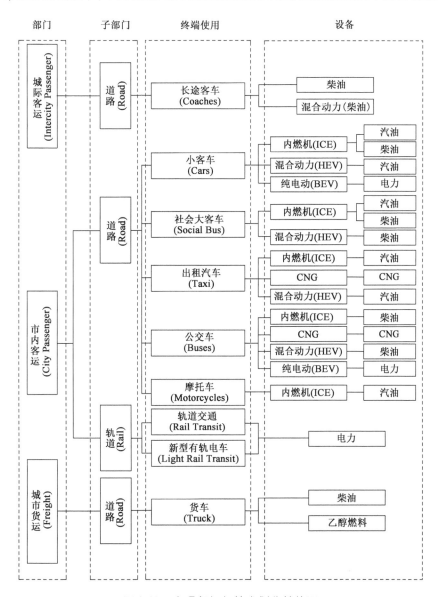

图2-16 交通部门与技术划分结构图

2.4.2　城市交通减排潜力测算——以上海城市交通为例

1）模型框架

如图2-17所示，以上海城市交通为例，结合LEAP交通能源排放预测模型，建立上海市低碳交通政策评价模型(LEAP-ST)，对政府制定的私人小汽车控制政策、新能源汽车补贴政策、燃油经济性政策、供需协调以及行业监督等各类低碳交通系统发展支持政策进行科学评估，为政策支持力度与时间跨度的决策制定提供有效评价指标和方法。模型将经过量化的交通政策和外生情景作为输入变量，首先用系统动力学模型确定低碳交通政策的作用机理以及交通碳排放的主要驱动因素，并用具体案例标定和验证机理模型，在此基础上将驱动因素输入LEAP模型，计算不同预设政策情景下各种交通方式的能源需求预测值，再通过链接不同交通技术方式的碳排放因子对城市交通部门进行碳排放分析与审计，评估结果将作为政策优化、提升与决策的依据。

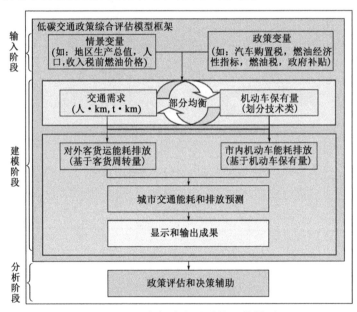

图2-17　上海低碳交通政策评价模型

2）情景设定

本书设置了基准情景，其基本假设为上海市城市交通按以往发展趋势发展，2010年起不再实施任何新的政策措施来缓解交通排放增长。需要说明的是，这并不是对上海市减排政策的预测，而是作为测算不同措施减排潜力的基准参照。

在综合减排情景中,假设有一系列旨在减少城市交通部门能源需求和碳排放的政策措施将被实施。在这些措施中,既有近年来已经在上海落实的政策,也包括在政府规划中计划实施的政策,以及那些在其他城市获得成功应用并将有可能被上海采用的措施。每种政策的详细情况以及参数设置描述如下:

在机动车控制情景下,通过牌照拍卖等强化政策调控机动车增长速率。使小汽车和摩托车数量相比基准情景减少25%左右,通过道路拥挤收费、累计停车收费等手段调节机动车的使用,使小汽车年均行驶里程相比基年降低20%。

在公交优先情景下,2015年公交出行占市内客运比例达到36%,其中轨道交通占公交出行客运量的40%,2020年轨道交通承担市内50%的客运周转量,有轨电车等新型中运量公共交通方式的比例提高。

在燃料经济性情景下,2015年公共交通及轨道交通单耗水平比基年降低5%,公路运输营运车辆单位运输周转量能耗比2005年下降10%,公路客货运典型企业单位作业量能耗比2010年下降5%,轨道交通企业单位作业量能耗比2010年下降5%,公交单位作业量能耗比2010年下降2%。到2015年,当年生产的乘用车平均燃料消耗量降至6.9L/100km,节能型乘用车燃料消耗量降至5.9L/100km以下。到2020年,当年生产的乘用车平均燃料消耗量降至5.0L/100km,节能型乘用车燃料消耗量降至4.5L/100km以下;商用车新车燃料消耗量接近国际先进水平。

在节能驾驶情景下,强化公路运输企业节能驾驶的培训力度。到2015年和2020年,使节能驾驶培训普及率分别达到65%和70%以上,预期可使单位运量能耗同比2005年分别下降1.6%和2.1%左右,轨道交通和常规公交客位利用率到2015年提高2%,2020年提高4%,2030年提高6%,推广出租汽车电召,降低出租汽车空驶比例。2015年出租汽车里程利用率提高2%,2020年提高6%,2030年提高10%。

在新能源汽车推广情景下,2015年实现公共交通客位公里(运输周转量)平均能耗下降5%,推进公交、出租汽车行业混合动力汽车、纯电动汽车等新能源汽车试点示范运营;开展天然气等替代燃料在区域公交、出租汽车等道路运输车辆中的试点应用,同步规划建设配套基础设施。

3)减排潜力分析

在各子情景下的减排贡献率见表2-5。作为需求管理类政策的机动车控制和公交优先政策都取得了较好的节能效果,与2030年基准情景的能源消费量相比分别下降了19.6%和17.8%;在节能类政策中,燃料经济性政策取得的节能效果最好,能耗降幅达到了26.8%,但节能驾驶只产生6.4%的节能效力;在2030年当年,推广新能源汽车相比于基准情景节能幅度约为11%。值得注意的是,由于不需要考虑电力在生产阶段的碳排放,公交优先政策在节能方面的效果相比于减少碳排放更为突出。

各低碳交通政策子情景减排贡献率　　　　　　　　表2-5

年份(年)	2010	2015	2020	2025	3030
机动车控制情景减排贡献率(%)	25.39	32.25	28.72	25.79	23.86
公交优先情景减排贡献率(%)	-44.77	-3.35	5.03	10.48	15.31
燃料经济性情景减排贡献率(%)	48.11	34.81	35.99	35.36	33.70
节能驾驶情景减排贡献率(%)	21.78	15.51	13.55	11.64	10.12
新能源汽车推广情景减排贡献率(%)	49.49	20.78	16.71	16.73	17.02

2.5　低碳交通监管体系建设

2.5.1　建设意义

节能减排是一项长期且具有重大意义的事业,不仅体现了我国以负责任的态度应对全球气候变化,也是对全社会的庄重承诺,是转变经济发展方式的必要措施,更是实现小康社会的有力保障。2011年国务院印发的《"十二五"节能减排综合性工作方案》中明确提出,未来的目标是要加快推动节能减排管理模式向市场推进和转变,通过将直接补贴转为间接性政策推动等办法营造良好的市场环境,让节能减排产业"有利可图"。

交通运输行业是推行全社会节能减排的薄弱环节,其"点多面广、类型复杂、移动碳源"的特点,使交通节能减排需要面对"跨行业、跨标准、难跟踪"等难题。长期以来,由政府及管理部门主导的交通节能减排工作始终存在监测数据不准、减排管理模式粗放的问题,这不仅使政府部门管理时难以获得及时有效的数据,也使得碳减排量难以进入市场交易,降低了各部门和企业节能减排的积极性。

建设交通行业节能减排监测体系,强化交通运输行业的节能减排监测与服务能力,为行业节能减排提供诊断、设计、监测、宣传、运行管理等服务,将有效提高政府部门对行业的能耗监管能力,同时,通过精确的企业节能量统计,可推动企业参与碳排放交易市场,促进行业的低碳可持续发展,为建设"资源节约型、环境友好型"交通运输行业提供有力支持。

2.5.2 上海市交通行业节能减排在线监测综合性平台

作者通过研究建立上海市交通行业节能减排在线监测综合性平台,力图解决交通节能减排工作中的基础数据平台构建、能耗在线监测、统计上报管理三大关键性基础问题。从平台建设角度分析,综合性平台需要包括以下四个系统:政府节能减排量统计系统、重点耗能企业节能监测系统、交通建筑设施节能监测系统、重点耗能企业能耗上报系统(图 2-18)。其中,政府节能减排量统计系统主要针对政府部门开发,通过信息手段直接获取行业一线的能耗数据,避免了部门间的数据共享环节,实现节能减排的扁平化管理;重点耗能企业节能监测系统和交通建筑设施节能监测系统主要针对用能单位开发,重点实现自动监测设备的设置与数据传输功能,监测设备所获取的数据将通过专门的数据接口与政府部门实现信息互传;重点耗能企业能耗上报系统主要为政府主管部门提供准确的能耗数据与决策依据,方便节能主管部门对重点企业开展科学、有效的节能降耗工作。

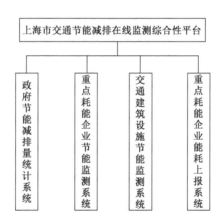

图 2-18 上海市交通节能减排在线监测综合性平台架构

监测综合平台采用通用分组无线业务(GPRS)将交通运输领域各行业现场采集到的能耗数据和碳排放数据实时传输至市级监控中心,建立数据库,并进行综合分析,为行业的节能减排管理提供科学依据。平台自带预警监测体系,当被监测线路和设备的耗能情况出现异常时,激活报警和自动控制功能,并能通过监控中心及时通知设备所属单位。平台还具有对耗能单位进行多角度测评,并辅助生成节能技术改造和节能管理方案的功能。

从技术角度分析,平台应由以下五大功能模块组成:①在线数据统计模块;②在线监测信息模块;③统计申报模块;④节能量与碳减排量测算模块;⑤考核评估模块。

1）在线数据统计模块

通过调研上海申通地铁集团有限公司、中国东方航空集团有限公司、中远海运集装箱运输有限公司的节能减排数据统计与监测平台的建设情况，对平台的在线数据统计模块构想如下：平台通过建立政府级能源数据管理中心，形成集数据汇总、数据存储于一体的节能减排数据库，通过对重点耗能企业、大型交通建筑设施进行实时能耗监测，统计并分析对比其能源使用状况，建立科学的能源管理考核指标体系，充分利用现代信息化、网络化技术对能源进行在线式监管，为政府部门科学配置能源资源、统筹规划节能管理工作提供重要科学依据。

该模块分成三个层次。第一层：市级节能减排数据中心，是系统的最高级，主要从宏观方面把握管辖范围区县交通企业与交通建筑设施的整体能源消耗状况，对数据进行统计、分析，从中发现具有节能潜力的整改方向，制定相应的惩罚措施并进行考核。第二层：区、县级节能减排数据中心，主要起到承上启下作用，对企事业单位能源管理平台传输上来的数据进行分类汇总并分析，对管辖范围内的企事业单位能源使用情况进行监督，落实上级下达的指导意见以及具体措施。第三层：企事业单位节能减排数据中心，对企事业单位内部的电、水、气、油等详细的能耗数据进行监测，从而帮助企业管理层直观地发现本企业内部的问题，进而制定相应的能源管理策略，进行节能改造，最终达到节能降耗目的。

该模块主要是从重点交通耗能企事业单位入手，从多个维度予以分类，供政府与企事业单位查询能耗及相关信息。监管领域包括交通运输领域各行业、重点能耗交通运输企业、大型交通建筑设施等。①行政区域综合能耗分析：实现对各行政区域重点耗能交通企业综合能耗进行横向、纵向、同比、实物分析，实时掌握行政区域的能耗动态，为政府监管部门提供现代化的能源管理政策建议。②高耗能行业综合能耗分析：交通运输涉及的行业众多，包括市内交通和对外交通，涉及公路、铁路、水运、航空、港口、公共交通等诸多细分行业，各行业特性不同，能耗也存在差异，平台试图实现对政府关注的高耗能行业（如水运、航空等）的能源消费状况进行实时监测，对高耗能行业进行全方位的统计对比分析，为政府相关部门提供清晰的行业能耗分布数据。③重点耗能企业综合能耗分析：实现政府主管部门与企业管理层对重点耗能交通运输企业自身能源消耗状况的实时监测，对企业能源、资源的消耗趋势进行实时跟踪，从而全面管理企业能源消耗情况。④节能减排量综合分析：实现对政府行政区域整体节能量与碳排放量的综合分析，实时展示政府节能减排工作进展情况与节能量/碳排量统计结果，针对重点耗能企业实时分析其单位增加值节能量、节能措施节能量与企业节能总量等相关数据,计算出其碳排放数据。⑤能耗超标预警功能:对各行政区域、高耗能行业、重点耗能企业实现在线能耗超标预警功能,通过能耗超标预警与报警功能,政府部门能及时了解所辖区域的能耗情况,针对超标情况制定相应的节能减排行政措施,为政府决策提供实时、有力的依据。⑥能源分析报告:对实时监测数据进行统计汇总,自动生成地区、行业、企业能源消费报告,提供清晰的能源消耗统计报表,为政府决策提供依据。

2)在线监测模块

在线监测是指在不影响节能或减排等设备运行的条件下,通过监测仪器获取节能减排数据和对设备的运行状况进行连续或定时的监测。监测活动通常是自动进行的,并由安装在监控现场的数据采集传输仪器完成各种类型能耗数据采集、数据存储及与监控中心进行数据通信传输的功能。

上海市交通行业节能减排在线监测系统的主要功能包括:①实时采集能耗及排放数据,构建数据库,进行综合分析,为节能减排管理提供依据;②对单位线路和设备的用能情况进行监测,具备终端控制功能。

在线监测系统架构应完整、科学,满足政府节能减排监管的需要。如图2-19所示,在线监测系统一般由现场监控站点系统、数据传输系统、监控中心(在线远程监管系统)三部分组成。现场层包括数据采集传输仪和各种监测、采样设备,完成数据采集、存储、发送及命令接收等方面的功能。网络传输层指由数据采集传输仪的通信模块到监控中心的通信链路,是用于实现数据传输的网络实体,包括有线和无线两种通信方式,如光纤、非对称数字用户路线(ADSL)、综合业务数字网(ISDN)、通用分组无线业务(GPRS)、码分多址(CDMA)、3G等通信方式。中心监控层即监控中心监控平台,它通过网络传输层和现场层相互通信,交换数据,下达指令,以实现对现场层的集中远程监控。

3)统计申报模块

该系统主要针对重点交通耗能企业开发,从企业能源上报管理方面着手,力图结合现代网络技术,实现能耗情况的在线申报,为上海市城乡建设和交通委员会、发展和改革委员会等节能主管部门提供准确的能耗数据与决策依据,方便节能主管部门针对重点企业有效、科学地开展节能降耗工作,实现节能减排目标。企业能耗申报流程和所需的相关申报表如图2-20所示。

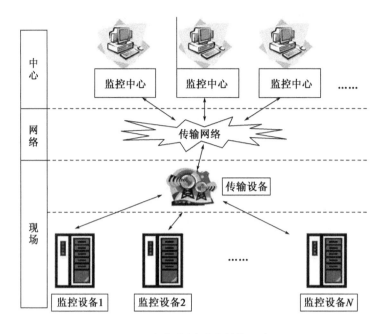

图 2-19　在线监测系统结构示意图

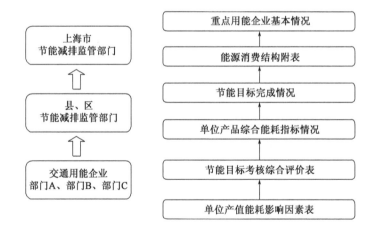

图 2-20　企业能耗申报流程与所需的相关申报表

4）节能量与碳减排量测算模块

统计节能改造项目的节能量和碳减排量,一方面便于行业节能管理,另一方面为未来将交通行业纳入碳排放市场交易体系奠定基础。以 LEAP 模型为工具,建立上海市交通能耗模型,用来进行能耗和排放的测算。

5）考核评估模块

对耗能单位进行多角度测评,并辅助生成节能技术改造和节能管理方案。考核评估模块直接服务于节能主管单位,直观地显示耗能单位的能耗数据,并根据年度、季度、月度考核指标自动给出对企业或行业的节能评价,实现交通节能管理自动化、智能化。

第 3 章
CHAPTER 3

公共交通与慢行交通

3.1 发展背景及趋势

3.1.1 我国城市公交优先发展的战略需求与挑战

1）优先发展城市公共交通是我国可持续发展战略的主动选择

改革开放以来,我国对公共交通发展的认识经历了"公交优先理念孕育起源"和"公交优先理念确立深化"两个阶段,从我国公共交通现行政策的演变历程(表3-1)可以看出,公交优先发展的理念在不断地更新与深化。

我国公共交通现行政策的演变历程 表3-1

阶段	时间	政策文件/会议	主要内容
公交优先理念孕育起源	1985年	《中国技术政策》国家科委蓝皮书	提出了"大力发展城市公共交通"的技术政策
	1985年	全国城市公共交通优质服务工作会议	提出了"公共交通是社会生产的第一道工序"
	1985年	《国务院批转城乡建设环境保护部关于改革城市公共交通工作的报告的通知》(国发〔1985〕59号)	强调城市公共交通的重要性,提出"要大力扶植城市公共交通的发展"的财政政策
	1989年	《国务院关于当前产业政策要点的决定》(国发〔1989〕29号)	把公共交通定性为城市公用事业
	1993年	建设部《全民所有制城市公共交通企业转换经营机制实施办法》	促进城市公共交通企业的市场经营机制改革
	1993年	《城市公共交通条例》	第一次公开向社会各界征求意见
	2000年	《国务院办公厅转发公安建设部关于实施全国城市道路交通管理"畅通工程"意见的通知》(国办发〔2000〕18号)	公安部、建设部在全国实施"畅通工程"
公交优先理念确立深化	2004年	建设部《关于优先发展城市公共交通的意见》(建城〔2004〕38号)	首次明确提出公交优先发展战略

续上表

阶段	时间	政策文件/会议	主要内容
公交优先理念确立深化	2005 年	《国务院办公厅转发建设部等部门关于优先发展城市公共交通意见的通知》(国办发〔2005〕46 号)	指出"优先发展公共交通符合城市发展和交通发展的实际,是贯彻落实科学发展观和建设节约型社会的重要举措"
	2006 年	建设部、国家发展改革委、财政部、劳动和社会保障部《关于优先发展城市公共交通若干经济政策的意见》(建城〔2006〕288 号)	提出了"加大城市公共交通的投入、建立低票价的补贴机制"等若干经济政策意见
	2007 年	《城市公共交通条例(草案)》(征求意见稿)	第二次公开向社会各界征求意见
	2010 年	《城市公共交通条例》(征求意见稿)	第三次公开向社会各界征求意见
	2012 年10 月 10 日	温家宝总理主持召开国务院常务会议	研究部署优先发展城市公共交通,指出必须树立公共交通优先发展理念,将公共交通放在城市交通发展的首要位置

进入 21 世纪以来,国家领导人和决策部门多次作出重要批示和出台政府文件,要求进一步加快落实公共交通优先发展战略的实施,公交优先的理念已经得到广泛的认可,成为全社会的共识。与欧美在二战后由铁路建设引导城市空间增长的"不自觉公交优先",以及 20 世纪 60—70 年代以公交提高道路运输效率、缓解大城市交通拥堵的"被迫型公交优先"不同,中国城市公交优先发展是一种主动选择。

2) 城市公共交通的可持续性发展面临重大挑战

近年来,我国城市公共交通事业发展迅速,截至 2020 年末,全国拥有城市公共汽电车 70.44 万辆,全国拥有公共汽电车运营线路 70643 条,比 2019 年末增加 4913 条,运营线路总长度 148.21 万 km,增加 14.60 万 km,同比增长 10.9%。2020 年末,全国拥有城市轨道交通配属车辆 49424 辆,增长 20.6%。同时,2016—2020 年,轨道交通运营车辆数同比增速基本为 15%～20%,高于公共汽电车同比增速,并完成城市客运量 871.92 亿人次。但是,城市公共交通事业的发展还未能完全适应城市经济发展和人民美好生活的需要。

在落实公共交通优先发展政策以推动土地集约化使用、实现能源节约与环境友好的同时,应综合考虑公共交通自身发展的经济与社会可持续性要求。近 20 年以来,我国城市公共交通虽然在解决城市交通问题中发挥了重大作用,但其自身发展的可持续性仍面临重大挑战,主要表现在财政可持续性与公交服务竞争力可持续性两个方面。

我国公共交通在财政可持续性方面主要存在以下问题。一是投入产出效益不高。在过去十几年里,我国许多城市大幅度增加了公共交通的投入,但是公共交通的巨额投资并未达到预期效益,大部分城市都未能达到预期的公交分担率或实现有效控制交通拥堵蔓延的目标。二是资金筹措方式单一。长期以来,我国公共交通基础设施建设基本依靠国有资本,社会资金介入很少,这种单一的投资模式不能有效发挥政府的投资效益,不利于公共交通的发展。三是"绝对低票价"导致财政补贴压力大。2011年,北京公共交通的补贴投入已达156.9亿元,巨额的补贴需求大部分源于其推行的"绝对低票价"政策。国际经验通常认为,居民公交支出占人均可支配收入的比例为6%~8%较为合理,发达国家一般在5%左右。合理的公交票价是提倡票价相对低,而不是无限制的低。从乘客角度而言,公交票价越低越好,但是从公交事业的健康、可持续发展来看,绝对的低票价和福利化也并非公交发展的可行方向。四是缺乏规范化的补贴制度。补贴机制不健全,补贴发放不科学,补贴资金不稳定。在许多情况下,公交补贴主要依靠公交企业负责人与政府部门领导临时协商和讨价还价的方式解决,随意性过大,影响了城市公交的规范化运营,给城市公交企业和行业的可持续发展造成很大影响。

在公交服务竞争力的可持续性方面,主要问题表现为公共交通服务未对市民出行形成足够的吸引力。在城镇化、机动化发展初期阶段,交通结构具有较大弹性和调整的余地,而一旦形成稳定的城市空间结构与功能布局,城市交通亦与之适配,交通结构就再难以调整。中国城市面临的主要挑战是:在形成巨大的私家车拥有人群以及以小汽车为主导的交通发展模式之前,要发展出有足够竞争力的公共交通系统,培育、固化优先选择公交出行的人群。然而,目前我国大部分城市的公交系统仍未形成足够的吸引力,并不是大部分市民喜欢的出行方式,而是城市中低收入人群的一种不得不选择的出行方式,并且,随着居民收入及生活水平的不断提高,城市公交的吸引力正在不断减弱,城市公交出行方式正逐步向更具自主性、私密性、舒适性、可达性的个体出行方式转移。这意味着公共交通无法维持公众的"服务忠诚度",公共交通的可持续发展正受到日趋严重的挑战。

3)推进公共交通优先战略实施需要建立长期、系统的公交优先制度体系

工程技术手段在解决公共交通问题方面的作用越来越弱,公共交通优先发展的核心与难点不在于技术突破,而在于制度设计。不断新建或改扩建基础设施是以往乃至当前许多城市化解公共交通供需矛盾的主要手段。但实践证明,单纯依靠增加基础设施供给能力以满足需求的发展方式不具有可持续性,并且受到城市空间资源和环境容量的严重制约。我国公共交通发展正处于公共交通基础设施快速发展的历史时期,公交基础设施规划建设的决策过程涉及国家多方主管部门和地方政府以及其他相关利益方,决策过程复杂、难度大,需要用制度设计来减少投资决策中存在的盲目性,提高城市发展的效益、质量和可持续性。

公共交通优先发展是一项维系国家能源环境安全和促进科学城镇化的长期、系统性战略,公交优先的制度体系建设也应当是一项长期、可持续的系统性工作,需要在法规、财政、规划、和监督等层面实现互相促进与反馈协调的发展体系。仅依靠单一的技术性措施或经济刺激政策,如轨道交通设施建设、公交车道和信号优先、票价补贴等,都不能为公共交通良好发展提供一个长期、稳定的制度环境和财政可持续的经济支持机制。只有通过自上而下的制度体系平台,在明确界定公共交通不同服务模式的经济和公共属性的基础上,设计高效、合理的政府-市场分工与合作机制,构建完善的法规体系、全面的财政政策、导向性的规划流程和有效的监督制度,才能为我国城市公共交通系统优先发展过程中的关键性问题提供解决思路、制度方案和实施策略。

4) 公共交通制度建设滞后成为我国落实公共交通优先发展的瓶颈

我国虽然已在国家层面提出了优先发展城市公共交通的战略,然而由于公交管理体制和运作机制不够有效,我国公交优先发展各项政策措施落实不够到位,制度建设已成为推进公交优先发展的瓶颈。现阶段我国公交优先制度设计环节较为薄弱、制度建设相对滞后,主要表现在以下几个方面。一是推进公交优先的法治依据不足。2005年国务院出台的"国八条"是目前我国推进公交优先重要的政策指导文件,但在立法层面缺乏相应的刚性规定,政策执行难以到位。二是缺乏财政预算保障制度。公交发展资金是推进公交优先发展的基本保证,但目前对于资金的筹措方式、渠道、职责分配、管理等缺乏明确的规定,公交优先发展缺乏稳定可靠的资金来源。三是管理体制不畅。目前关于政府公交管理的职能界定不清晰,国家和地方财权、事权划分不明确;公交管理机构职能设置不合理,公交规划、建设、管理和投资预算等操作环节安排于不同的职能部门,部门之间的决策过程缺乏制度化的协商机制,对需要解决的问题意见不一或相互推诿,效率低下。四是公交市场机制不健全。自20世纪90年代以来,我国城市公交行业经历了打破公共垄断-引入市场化竞争机制-市场整顿重组的改革历程,取得了一定成效,但仍未探索出一套成熟的、满足各地社会经济发展要求的市场经营机制,一些地方公交财政负担沉重、运营效率低,公交服务水平两极分化,中心地区过度竞争而偏远地区无人问津现象普遍;同时,公交在成本补贴核算、服务监管考核、市场准入和退出机制等市场管理制度方面的缺失或不完善,使政府财政投入难以完全用于公交改善而避免浪费,公交财政补贴效益难以得到充分发挥。

5)构建多模式、无缝隙的公共交通服务体系是大城市公共交通可持续优先发展的必然要求

从香港、首尔、伦敦等世界领先的"公交都市"的发展经验来看,多模式的公共交通服务体系是满足大城市多元化出行的必然要求。城市活动空间的扩张,城市人口流动需求和交通出行距离的快速增长,将导致出行空间分布的异质性。再加上出行人群的社会经济特征变得复杂化,人们对公共交通的期望不仅在于实现"点到点的运输",而更注重"全过程的服务",人们的公交出行需求也呈现出多元化的发展趋势。因此,单一的公共交通系统无法满足多元化的出行选择,尤其是大城市跨区域的出行,只有面向全民的多模式的公共交通服务体系才能解决问题。当前,许多大城市公交优先发展存在的主要误区为:片面强调城市公交服务中的低收入人群,过于注重通过补贴、低票价等方式降低公交出行经济成本,而没有充分认识到提高城市公交服务水平、满足市民多元化使用需求的重要性和紧迫性。这种认识上的误区最终导致城市公交服务模式简单,吸引力下降,不仅难以吸引高收入人群,更难以留住收入水平不断提高的中低收入人群,致使公交出行方式不断向个体出行方式转移。另外,只有无缝衔接的公共交通服务体系才能提高城市交通的运行效率。城市公共交通发展面临土地、道路、财政等资源的稀缺性问题,然而各种公共交通方式在交通用地、规划布局、管理实施等各环节都存在着矛盾和冲突,造成各层次线网衔接性差和建设、经营管理效率低等问题,整体表现为城市资源的运作效率不高。因此,促进公共交通体系内部的资源共享、加强模式整合是提高资源使用效率和乘客出行效率的必然途径。

正是由于大城市公共交通服务体系具有多样性的服务需求、多元化的利益主体、多层次的设施网络,并具有规划、运营、管理环节衔接复杂度高等特征,所以其形成过程亟须构建要素完备的、相互协同的制度体系加以支持和保障。

3.1.2 国际城市公共交通发展趋势与经验

国外公共交通发展起步较早,有的国家在城市发展初期就注重公共交通发展,更多的国家是在机动化发展到一定时期,城市交通问题发生之后才提出优先发展公共交通。

部分城市经过长期演化形成了稳定的公共交通系统,其中有多座被公认为典型的公交都市。不同地区的公交系统特点及典型案例如下。

在欧洲,公交发展历史较为悠久。其发展模式是对原有交通基础设施再利用的新型交通系统(有轨电车、轨道交通)与城市空间再开发的结合。例如在伦敦,城市公共交通系统是公共汽车、地铁、轻轨、有轨电车、出租汽车和通勤火车等多种方式的有机整合,良好的交通信息、换乘枢纽及一票制是该系统的三个主要特征,其成功之处在于:一体化的交通政策和规划、由市长直接领导的交通署负责机制以及充足的资金保障。在德国,典型城市如柏林拥有Tram(内城小型、短途轨道交通线)、S-Bahn(郊区到内城的通勤轻轨线路)、U-Bahn(内城地铁)等多种轨道交通方式,相互衔接形成了多层次、高密度的公交网络,通过跨区域、多模式、群体优惠的票价体系、便捷的换乘系统等引导市民使用公共交通。

在亚洲,较高的城市人口密度及对小汽车出行的限制,形成了以市场为导向、结合政府监管的多元化运营管理的城市公共交通发展模式,例如:首尔2004年推行了公共交通改革,政府对公交线路、时刻表、票价、票款分配、服务质量实施全面控制和管理,公交企业通过竞标方式获得经营权。

在北美洲,传统城市空间拓展以小汽车为主导,拥有世界上最高的小汽车保有率,随着交通拥堵以及在城市核心地区停车难等问题的出现,一些先进的公交发展理念诞生于北美洲,如以公共交通为导向的开发(Transit Oriented Development,TOD)模式、公共交通社区等。波特兰是北美洲模式的成功典范,20世纪70年代初,该市将交通发展重心从建设高速公路系统向完善轻轨系统转移,并坚持至今,率先结合TOD开发模式引导城市空间优化与城市中心区的复兴;近期规划目标是到2040年,2/3的就业岗位和40%的住户位于有轻轨和公交服务的交通走廊上。

南美洲开创了以具有高竞争力和高服务品质的城市快速公交(Bus Rapid Transit,BRT)系统为核心的一体化公交发展模式。在巴西城市库里蒂巴,良好的城市空间结构和城市客运交通结构不仅是因为建设了BRT系统,成功经验更在于实施一整套公交优先发展政策:城市与交通整体规划,完整的公共交通体系设计,公共交通采取管理与运营相分离、收支两条线的模式,管理和票款收入由政府绝对控股的企业负责,公共交通运营引入适度市场竞争。从1998年开始,哥伦比亚首都波哥大根据财政状况、城市特征和交通需求,仅用3年时间就成功建立了一套快速公交系统,特别强调了公共交通全民化,树立了成功的典范。

从国际发展经验来看,发达国家和地区城市对公交体制的关注更多集中在公共交通立法、公交财政补贴和政府监管及票价等方面,其完善的法规框架、财政补贴机制均具有借鉴意义。此外,考虑能源、环境等的影响,政府主导的优先发展城市公共交通的激励机制也值得借鉴。

3.2 典型公交都市案例

3.2.1 新加坡:"面向大众的世界一流公共交通系统"

新加坡是世界上公共交通系统较发达的国家之一,在公共交通战略规划、基础设施建设和服务运营上都处于领先水平。新加坡国土面积为 733.1km^2,总人口为 545.4 万人(2021 年),人口密度为 7439.6 人/km^2。在这个土地资源紧张、人口密度大的国家,公共交通出行占机动化出行的 67%(2019 年),构成其主要出行方式。我国大部分城市人口密度同样较高,因此新加坡公共交通系统案例具有很好的借鉴意义。

新加坡的公共交通系统主要由轨道交通、公共汽车和出租汽车组成,其中轨道交通由地铁(Mass Transit Railway,MRT)和轻轨(Light Rail Transit,LRT)组成。1996 年新加坡陆路交通署(Land Transport Authority,LTA)发布的《新加坡交通白皮书》(*White Paper:A World Class Land Transport System*,简称《白皮书》)规定,"政府认可出租汽车属于公共交通",并称出租汽车"作为公共交通的高端组成部分,是连接私人交通、公共汽车和轨道交通三者间服务空隙的关键",同时对公共交通各组成部分的功能定位做出如下规定:MRT 承担主要客流走廊的运输任务,LRT 作为 MRT 轨道网络的接驳支线;公交车服务中小客流交通走廊,作为轨道交通网络的补充;豪华公交车提供高水平的公交服务;出租汽车提供门到门的个人化小汽车服务。

自 1965 年以来,人口的不断增加、出行需求的日渐多样化、土地资源的愈加紧缺以及能源环境压力的逐渐增大,使新加坡政府意识到公共交通优先发展的重要性。《白皮书》旨在通过土地和交通综合协调发展,致力于建设世界一流水平的交通系统,并强调公共交通在城市交通中的重要性:"世界一流的交通系统就是世界一流的公共交通系统(Having a world class transport system means having a world class public transport system)。" 2008 年,《新加坡陆路交通整体规划》(*Singapore Land Transport Master Plan Report*)提出建设"以人为本的陆路交通系统"(A People-Centered Land Transport System),而其中第一个关键策略就是"公共交通要面向大众"(Making Public Transport a Choice Mode)。在这样的战略思想的指导下,新加坡的公共交通逐渐发展完善,无论是基础设施建设还是运营服务水平都达到世界领先水平。

1) 公共交通发展历程

(1) 公共交通基础设施发展。

2001年新加坡城市轨道交通公司(Singapore Mass Rapid Transit, SMRT)收购八达巴士公司(Trans Island Bus Service, TIBS)后,新加坡两大公交运营商的竞争与合作的格局形成,同时,由于轨道交通与公交的兼营,方便了公共交通一体化的整合。公共交通理事会(Public Transport Council, PTC)于2003年开始实施分阶段的公交服务改善计划。公交换乘站和终点站在2002—2011年期间变化不大(图3-1),2011年,平均每平方千米有公交站点6.5个。

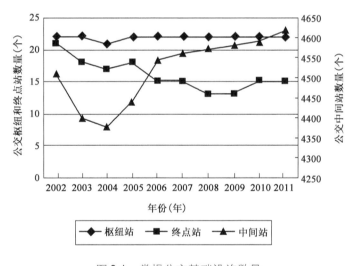

图3-1 常规公交基础设施数量

新加坡政府于1982年开始建设地铁,并在1987年开通第一条地铁线路,到2000年已拥有80km的地铁线路。1996年《白皮书》发布后,新加坡政府开始着重建设轨道交通网络,截至2011年,在运营的轨道线路达175.3km,MRT与LRT的比例接近5∶1。在线路规划上,LRT呈环状布局串联外围居民区,并与MRT接驳。

(2) 公共交通运营状况发展。

由图3-2可知,由于公交线路多、规模大,承担了大部分的客流,总体变化不大;MRT承担的客流量逐年增加,在公共交通中的分担率由2001年的20%增长到2011年的

34%(图3-3),有赶超公交的趋势;出租汽车运量一直保持在70万~100万人次的水平;LRT承担的客流量缓慢增加,但是增幅很小。2003年,由于受公交服务改善计划中取消线路影响,公交车的客运量有所下降。从图3-2和图3-3可看出,2002—2011年这10年间,新加坡采取的策略是稳住公交客运量,重点发展MRT。2011年,平均每人乘公交车238次。

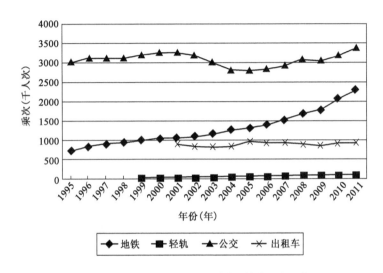

图3-2 历年日均公共交通乘次(单位:千人次)

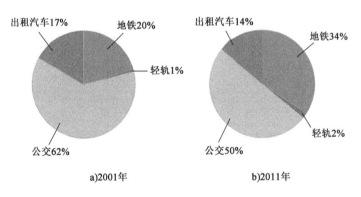

图3-3 公共交通各组成部分分担率对比

由图3-4可见,出租汽车候车点近几年来不断增加。新加坡除了路边出租汽车候车点外,还与各商场积极配合在商场建设候车点,由商场工作人员负责管理,在方便乘客出行的同时,也为商场带来了更多的顾客。图3-4中显示的出租汽车乘次与出租汽车候车点数量并没有太大关系。

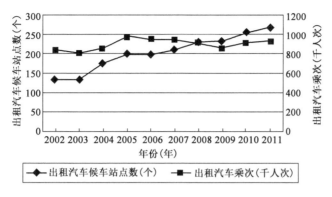

图 3-4　出租汽车乘次与出租汽车候车点数量

2）公共优先制度保障

(1) 政策保障。

1996 年发布的《白皮书》是新加坡公共交通发展过程中的一个重要转折,它确立了公共交通在引导城市发展中的重要地位,为公共交通优先发展提供了政策保障。《白皮书》提出用 10~15 年的时间构建一个世界先进水平的交通运输系统,为了达到这一目标,要求政府继续提供良好的交通基础设施和管理系统,并推行健全的政策,公共交通运营商则要充分发挥市场机制的激励作用完善机构和服务,并有效利用资金,公共交通乘客则应为公交服务的改善支付合理的费用。

此外,《白皮书》还对公共交通的改善提出了以下几点要求。在公共汽车方面:首先,保证公共汽车的路权优先,采用智能交通信号和增加公交专用道等提高运行速度;其次,提高时间效率,优化站点布局,在网络、电视和电话等查询渠道公开车辆到达信息;最后,提高服务水平,通过增加电话、饮水器、遮雨棚和杂志分发机等更新中心城公交站点设施。在轨道交通方面,《白皮书》规划了 4 条地铁线和 1 条轻轨线,由当时的 67km 的轨道网络扩展到 160km,以承载主要客流走廊的交通。在出租汽车方面:要求出租汽车在合理确定运营成本的情况下,顺应市场需求进行发展;要求出租汽车公司定期发布运营情况并评优奖励;在票价方面,区分高峰和平峰的费率以调节需求;此外,要求出租汽车公司提供多样化的服务模式,以满足不同出行需求和不同收入水平乘客的需求。

(2) 运营管理模式。

新加坡的公共交通实行多方式区域专营,SMRT 和新加坡巴士公司(Singapore Bus Services,SBS)共同分担新加坡的公共交通业务:整个新加坡被分为两个区域,由 SMRT

和 SBS 分别经营各自专营区内的公交服务,专营区间服务由双方共同提供;两家公司混合经营轨道交通和常规公交,SMRT 侧重地铁业务,SBS 侧重公交业务。SMRT 是集团公司,下属的 3 家专业子公司分别负责地铁、轻轨和公交的营运业务;而 SBS 公司则混合经营公交、地铁和轻轨业务。两家营运公司通过联合创办的 TRANSITLINK 公司制定与一体化政策框架相一致的详细公交服务规划,通过 TRANSITLINK 公司有效地避免了公交与轨道交通间的竞争,促进公交与轨道交通一体化。

LTA 是新加坡唯一的公共交通管理政府部门,统一负责陆路交通的规划、发展、实施和管理。此外,新加坡为了保障公众利益,建立了 PTC,负责公交行业的规范管理和票价管理等服务监管工作(图 3-5)。PTC 不受政府的直接控制,但是其成员(包括公交企业的代表)都由 LTA 任命,来自不同的社会阶层,广泛代表民意,保证其决策更容易被公众接受。PTC 通过定期审核的方式确保两家公交公司遵守服务条款并提供符合标准的运营服务,审核的项目包括线路规划、线路直达性、站点可达性(居民步行 400m 内必须要有公交线路站点)、地铁站与公共汽车接驳、线路长度(如长度大于 25km 的线路所占比例不超过 20%)、发车频率、公共汽车载客量(如高峰期平均载客量不得超过核定载客量的 80%)、空调车比例(最小占 80%)、线路信息(通过公交站点、电话和网站服务发布)、发车间隔等。

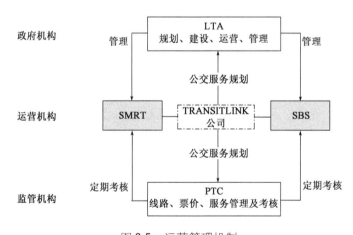

图 3-5　运营管理机制

(3)财政制度。

在通常情况下,新加坡政府不对公共交通运营提供直接补贴,而是在提供部分政策扶持措施的条件下,充分发挥市场竞争机制,通过运营商之间的竞争,维持运营和提高服务水平。

在《白皮书》发布之前,新加坡政府通过 LTA 筹措资金,用于道路和轨道的基础设施建设以及购置首批车辆设备和信号控制系统等前期运营资产,不对运营服务和更新成本进行援助;乘客通过支付能够覆盖运营成本和后期运营资产的票价来承担他们在财政体系中的责任;运营商则在PTC准许的票价机制和服务标准框架内提取利润。这样的策略看似合理,但缺点也比较明显,除了财政上的负担过重、对票价产生不断上涨的压力之外,还抑制了轨道交通网络的发展。因此,《白皮书》对此进行了部分修改:由政府继续投资基础设施和前期运营资产,乘客支付票价以承担包含折旧费在内的运营成本,后期运营资产中包括前期运营资产的历年支出将由票价收入负担,其余部分由政府财政负担。这样就免去了运营商对后期运营成本上涨的担忧,使其把精力放在改善服务和提高效率上。

1992年起,新加坡政府建立了燃油平准基金,设立公共交通运营企业专用账户作为应对短期油价上涨的基金。基金从企业收入里提取,PTC给出近5年的平均市场动态燃油价格作为参考价格,企业每年累计上缴按照参考价格计算的一年燃料消耗费用作为基金。当实际采购价格低于参考油价时,提取差额注入基金;当实际采购价格高于油价时,提取基金来缓解价格短期上涨的压力。

3)经验借鉴总结

新加坡政府十分重视公共交通的优先发展,充分贯彻公共交通优先发展的战略理念,注重土地利用与公共交通的一体化开发建设,提高公共交通对居住社区的覆盖率,为居民提供便利的出行条件。总而言之,新加坡公共交通对于我国的公共交通优先发展的启示可归纳为以下3个层面:

(1)战略层面:明确公共交通的战略定位和目标,以创新的公共交通战略思想和理念引导公共交通的优先发展。

(2)规划层面:建设轨道交通网络与公交线网一体化协调的公共交通系统,明确公共交通各组成部分的定位和功能,指导公共交通线网的规划布局。

(3)运营层面:轨道交通与公交兼营,实现公共交通网络的一体化整合;设置独立有效的公共交通监管机构(即PTC),督促公共交通服务的改善;设立公共交通的燃油平准基金作为财政保护屏障。

3.2.2 库里蒂巴:生长在公交上的城市

库里蒂巴拥有世界上较为完善的一体化公共交通系统,并作为BRT系统的样板城市闻名全球,其灵活地利用地面公共汽车来解决城市交通问题的经验对我国大中城市的公共交通发展有重要的借鉴意义。

1) 城市背景与公共交通现状

库里蒂巴位于巴西南部东南沿海地区,是巴拉那州的首府和巴西第三大城市。2021年,大都市区人口约为 196 万人,面积为 434km^2,人口密度为 4516 人/km^2;市区人口约为 170 万人,面积为 432km^2,人口密度为 3935 人/km^2。库里蒂巴的城市结构具有典型的单中心集中布局的特点,城市核心区呈现沿公共交通走廊轴向带状发展的格局。库里蒂巴是巴西人均生产总值最高的城市之一,也是巴西小汽车拥有率最高的城市,2021年小汽车拥有量约为 1113790 辆,千人小汽车拥有率约为 567 辆/千人。2002 年库里蒂巴被联合国评为"最适合人类居住的城市"。库里蒂巴拥有世界上较为完善的一体化公共交通系统(Integrated Transit Network,ITN),并以 BRT 系统的样板城市著称,其最大的特点是灵活地利用地面公共汽车来解决城市交通问题(该市目前没有轨道交通)。虽然库里蒂巴是巴西私人小汽车人均拥有量第二的城市,但其私人小汽车出行率很低,工作日 75% 的通勤出行使用公共汽车,全目的出行公交分担率达 47%,人均公共交通出行次数为 350 次/年,公共交通日均客运量为 190 万人次。

(1)完整的、多元化的网络与服务体系。

BRT 系统是公交系统的骨干,除此之外,公交系统还包括大站快线、区际线、区内线、校园巴士、医疗巴士、残疾人士巴士等 10 多种特色公交线路与车辆。充分考虑了不同区域、不同走廊、不同人群等对公交运量、速度、票价等不同服务要求。

(2)换乘便捷的车站。

车站共分为三类,即圆筒式车站、公交枢纽站和传统车站。其中,圆筒式车站间距为 500~1000m,最大优势为大大加快乘客上下车速度,此外还使乘客免受天气影响,同时,水平登车设计和进站口自动升降装置,使老年人和残疾人乘车更方便。公交枢纽站多位于综合公共交通网络的轴线上,其中,中转式枢纽站为不同线路提供互相隔离的上下站台,并以地下通道的形式将这些站台连接起来,方便乘客换乘。

(3)多样化的公交车辆。

库里蒂巴拥有 340 条公交线路、26 个终点站,覆盖了全市 1100km 的道路,其中包含公交专用道 60km。全市有 1570 多辆公共汽车,分 8 种车型以 6 种方式运营:在主干道上运营的红色直达公交;在主干道和主要街道上运营的银色快捷公交;在大容量干道上运营的双铰接快速公交;在城市中央商业中心周围干道运营的绿色市区公交;在城市街道与地区终点站之间运营的黄色转运公交;为弱势交通群体服务的白色特别线路公交。

2)城市与公共交通发展历程

过去半个多世纪以来,库里蒂巴公共交通和城市一体化规划的演变,经历了3个重要时期(表3-2)。

库里蒂巴公共交通关键发展脉络　　　　　　表3-2

年份(年)	公共交通发展情况
1943	城市总体规划初稿(The Agache Plan):提出解决城市交通问题的规划思想,从城市中心向外辐射建设几条放射性道路,强调中心城区的作用,城市环状发展,形成环状的交通网络,但由于财力有限,该规划没有实施,反而让人们意识到应该将城市扩张和经济发展协调起来
1965	城市总体规划(1965 Master Plan):对库里蒂巴公共交通发展影响最大的一项规划,该方案对1943年的规划初稿做了很大的调整,其中最重要的是提出城市沿着主要公共交通走廊向外扩展的发展模式,城市不再均衡地向四周增长,而是呈现出"手指状"的轴向增长形状,公共交通替代小汽车作为城市主要的交通方式
1974	优先发展公共交通战略:市长提出优先发展公共交通的设想,并开始实施一体化公共交通建设;制定快速公交发展方案,在市区各主干道规划了公交优先车道;建成第一条纵贯南北的公共汽车优先通行的主干道
1977	单一收费体制确立:确立基本公交票制,即一次公共交通出行中,仅需购买一张车票就可以任意换乘。同年建成南部通往市中心的公交优先车道
1980	公共交通网络骨架成型:建成横穿市区、纵贯东西的交通优先主干道,向市区以外各方向辐射的城市公共交通动脉网逐渐形成;建设封闭式大型公交枢纽,方便乘客换乘
1991	主干道网络补充:在各主要枢纽之间开通快速公交,成为公交优先主干道以外的一个有力补充,同时开通区间车,使各区域之间的乘客在不穿越中心区的情况下快速往返。同年,《公共交通客运服务条例》公布实施
1992	主干道公交扩容:从瑞典引进了大型双节公交车,其运力是常规公交车的3倍
1996	公共交通网络扩展:将公共交通系统延伸到整个市郊,为周围几个卫星城的居民提供了交通便利;通过公共交通主干道,卫星城的居民只需换乘一次便可到达市区
1999	环形高速公路:在原有的放射公共交通网络基础上,建成了以公交优先车道为主的环城高速公路

第一阶段(20世纪40—60年代):城市综合形态形成时期,奠定了公共交通引导城市发展、一体化公共交通系统等重要交通发展战略的基础。

第二阶段(20世纪70—80年代):城市总体规划全面实施的时期,一体化公共交通网络初步形成。

第三阶段(20世纪90年代至今):快速公交系统实施一系列改革和快速公交网络完善措施。

3)公共交通发展战略的基因谱系

库里蒂巴在过去几十年的公共交通发展历程中形成了自身的理念:把公共交通系统与城市生活的其他方面当作一个不可分离的整体,试图通过创新使用以公共交通、土地利用为主体的整合的城市发展政策工具,并以较低的经济代价来实现城市的综合发展目标。

(1)经济适用的投资策略。

库里蒂巴作为一个发展中国家的城市,交通设施财政投入能力相对有限,必须采取经济适用的投资策略才能有效解决城市快速发展时期的交通问题。其决策者的精明之处在于努力寻求一种适合本地特定环境和条件的相宜技术,而不是采用"技术至上主义",盲目追求高资金投入的解决办法。在库里蒂巴 BRT 系统 50 多年的建设历程中,曾多次出现争议,考虑发展轨道交通以替代现有 BRT 线路。在这些争议中,至少有 8 次涉及详细的技术、运营和财政分析,如图 3-6 所示。争议的重点在于是通过改良现有系统来满足不断增长的公共交通需求,还是引入轨道交通系统来解决这一问题。图 3-7 显示了 1960—2010 年库里蒂巴人口与公交客运量的变化情况。

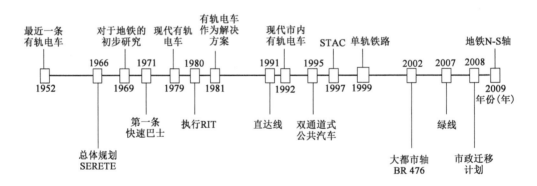

图 3-6 争议历程:轨道交通方案(上方)、公交替代方案(中间)、城市规划(下方)

每当公共交通系统临近容量不足时,规划人员都将轨道交通作为最佳的技术解决方案,但每次都被更易实施、更为经济的公交改良方案所取代,事实也证明这种改良方案非常有效。虽然每个轨道交通方案从技术角度而言都是当时的最佳选择,后面的公交替代方案大多也是吸取了其中的一些技术措施,但资金作为公共交通发展的一个关键影响因素,很大程度上在背后促使以公共汽车为主体的公共交通服务体系的形成。

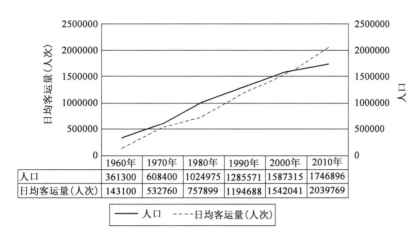

图 3-7　库里蒂巴人口与公交客运量的变化情况

(2) 一体化的交通与土地规划。

交通规划与城市土地利用规划的紧密结合,在库里蒂巴一体化公共交通系统的发展过程中起了举足轻重的作用。更进一步讲,公共交通走廊对土地利用的影响意义远大于公共交通本身。库里蒂巴成功经验的一个重要部分就是在合适的时机开始对城市成长进程进行规划和控制。早在 1965 年,库里蒂巴就在城市总体规划中确定了土地利用与公共交通的整体发展目标,试图通过这两方面规划、政策的结合将城市增长控制在几条公共交通走廊周围。城市规划充分考虑了土地使用强度与已有城市结构相匹配的原则,其目标是调整小区划分和土地利用,以使交通需求适应社会经济和城市的发展。城市规划运用了线性市中心的概念,整个城市被划分为若干小区,每一个小区都根据允许的土地利用性质和土地开发强度确定了土地使用管理制度。同时,为了使每个小区都具有相当的可达性,城市道路网络系统也是分层次建立的,这就意味着网络中每条道路的功能、特征和容量都已根据其位置和重要性在一定程度上被确定。此外,不同的土地利用性质也将产生不同的公共交通需求。在那些鼓励土地高强度使用的居住用地和商业用地附近,公交专用道以及双铰接公共汽车的使用使得公交系统能够达到与小区公交需求相一致的较高的运送能力。而对于人口密度中等或较低的居住区,为了提高运营效益和公交服务的便捷性,使公交乘客能够方便地到达其他居住区或者交通节点,需要规划运送能力相对较低而灵活性更高的线路。

库里蒂巴的一体化交通与土地利用措施是通过土地立法加以保障的,主要有法律(Laws)和法令(Decrees)两种形式,其中,法令是对法律的细化和补充。1969—1992 年,库里蒂巴总共颁布了 66 项法律法令(其中包括 14 项法律和 52 项法令),其中 1975 年发布的 Law 5234 确定了土地立法的整体框架。库里蒂巴对土地、公共交通以及城市增长的关系有着强力的控制,但却不失灵活性。没有哪个城市的法律文件能够涵盖所有现实的问题,这些文件也在不断地变化。一方面,这些文件严格地控制着城市的总体发展特征,奠定了一体化交通与土地利用的基础;另一方面,它们随着城市发展也在不断地细化或者改变,但未曾脱离库里蒂巴城市总体规划最初提出的发展方向。

(3)整合的城市发展政策。

库里蒂巴城市与交通发展另一独特之处在于,没有单独把公共交通与城市生活的其他方面分离开来考虑,而是利用不同方面的目标一致的政策组成"城市发展政策包"(A Package Tolls of Policy)来共同推动城市发展目标的实现。例如库里蒂巴的"绿色交换"(Green Exchange)项目,生活在棚户区的低收入或失业群体可以将垃圾送往社区中心,以换取食物或者公交车的车票。虽然其最初的目的是提高社会包容性,但实质上这个项目不仅为低收入人群或失业群体提供了基本的生活保证,有利于保护环境,还能保障这部分群体使用公共交通,这一项小措施对城市的发展产生了多重效益。

另一个典型的例子是中低收入者住房政策与公共交通政策的联合决策。库里蒂巴的规划者认为,发展中国家的住房问题实质上是土地价格与交通建设的问题:随着公共交通走廊的建设,其周边的地价会随之上涨,大量的低收入家庭无法负担高房价,只能住在远离走廊的地区,但这部分群体却是使用公共交通的主要群体。库里蒂巴早在20世纪70年代就提出了解决方案,政府在公交线路建设之前收购走廊附近的部分土地,然后在房价上涨之后就有主动权来为中低收入者提供部分保障性住房,保证这些住房不远离公交走廊。这项政策的出发点无疑是正确的,20世纪90年代中期,已经有20万户低收入者在公交走廊附近安家。然而,这项政策没有完全实施,而是被后面的购房辅助计划的实施所影响了。城市房屋基金法律(Municipal Housing Fund Act)规定由住房公司(COHAB)负责房屋基金的运营和管理,最高可以给低收入家庭提供房价的75%的住房基金,但关键的是这些优惠政策只提供给公交走廊外的住宅区的居民,而公共走廊周边的住宅都是商业开发的住宅,居住的都是中、高收入的家庭。因此,目前库里蒂巴的住房与公共交通政策也存在相互矛盾的地方,库里蒂巴市政局最新的出行起讫点(OD)调查显示,大部分真正使用公共交通的居民生活在远离公共交通主干线的地区。

4)经验借鉴总结

库里蒂巴以经济适用为选择公共交通发展方向的原则,充分发挥BRT系统的优势,灵活地利用地面公交解决城市交通问题,取得了很好的成效。作为发展中国家公共交通

发展的典范,库里蒂巴的公共交通发展路径给我国的启示主要为以下两点:

(1)公共交通的发展要与城市的发展阶段和经济实力相适应,轨道交通建设不是解决城市公共交通问题的唯一途径。

(2)要优先发展公共交通,不仅需要在规划层面实现交通与土地利用的协调,更需要找准公共交通的目标用户群体,最大限度发挥其社会效益。

3.2.3 伦敦:"世界第一城市"的均衡公交系统

伦敦是世界主要城市中从以小汽车交通为主导转到以公共交通和慢行交通为主导的成功案例。伦敦的公共交通包括轨道交通、公交、电车、出租汽车。其中,轨道交通是伦敦市公共交通的骨干,包括地铁、英国国家铁路公司、港口区轻轨(Docklands Light Railway,DLR),地铁主要服务于中心区大客流走廊,全长为408km,有12条线路、275个站点;国铁承担大伦敦区域的居民进入中心区以及出入伦敦的客流任务,全长为788km;DLR为伦敦东部和南部提供轨道交通运输服务,长29km。公交主要服务中流量客运走廊,作为轨道交通的接驳和疏散工具,为居住新区提供客运服务以及24h的交通服务。伦敦公交拥有车辆8500辆,经营783条线路,包括100多条夜间服务线路。私人租赁汽车(Private Hire Vehicles,PHV)是出租汽车的一种模式,只接受预定,不能在街道上扬召。PHV最初起源于"黑车",为了保障乘客安全、便于管理和调度,英国于1998年将一部分符合服务要求的"黑车"合法化成为PHV。常规出租汽车和PHV为旅游、商务、深夜出行和残疾人出行提供了方便,是重要的交通工具,每天平均载客58万人次,占所有交通出行的2%。截至2021年3月,伦敦交通局(Transport for London,TfL)登记的出租汽车大约有1.34万辆,而PHV的数量为7.75万辆。

1)均衡的公共交通系统

(1)交通方式的分担均衡。

随着经济的增长,伦敦交通出行量从1993年到2006年的增长率超过了20%,其中公共交通的出行分担率也呈上升趋势。相比于整个英国63%的小汽车出行分担率而言,伦敦市民更倾向于选择公共交通出行,小汽车分担率为39%,公共交通出行中以公共汽(电)车和轨道交通为主,占了94%(图3-8)。与1999年相比,2006年小汽车出行分担率下降了5%,公共交通份额上升了5%,达到了一个相对均衡的交通方式分担结构:公共交通、私人交通和慢行交通之比约为4:4:2。

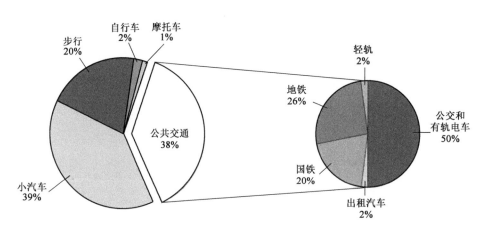

图 3-8　各交通方式分担率（2006 年）

（2）公共交通的空间分布均衡。

如图 3-9 所示，伦敦城市土地利用的均衡规划使得城市活动系统与城市面积达到较均衡状态，交通出行向心力小，与内伦敦有关的交通出行量仅占总出行量的 20%，缓解了市中心的交通压力。此外，越靠近市中心，区域内部交通的公共交通分担率越高，充分发挥了公共交通集约型运输的优势；在远离市中心的区域，城市建设不集中，客流量比市中心小，且客流方向不集中，区域内部交通以私人小汽车出行为主，充分发挥其灵活、快捷的优势；区域间的交通出行以公共交通为主，进出市中心的交通出行绝大部分由公共交通承担。

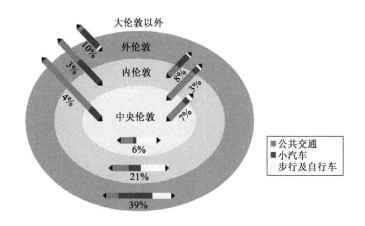

图 3-9　伦敦日均出行方式分布

注：图中百分比为 2005—2008 年间，至伦敦、自伦敦或在伦敦内发生的日均出行总数的比例。图中数字包括伦敦居民和非伦敦居民的出行，但不包括货运。

(3)国铁网络与地铁网络的耦合均衡。

伦敦市轨道交通发达,十分重视国铁与地铁职能的划分与相互之间的协调与接驳,为市民提供高覆盖率的轨道交通服务。高覆盖率的国铁网络和地铁网络均衡耦合,构成伦敦客运交通的骨干运输网络。地铁网络主要支持伦敦城内部以及部分进出伦敦城的客流,市中心区域网络密度最大,外围区域逐渐减小,共有270个站点,平均站距为1.5km。国铁网络主要承担进出伦敦城的客流,以及内伦敦和外伦敦间的、内伦敦和外伦敦内部的长距离出行客流,共有321个站点,平均站距为2.5km。

2)运营管理机制

TfL负责落实市长的交通运输政策,并管理伦敦交通运输系统各项事务。从2000年正式成立以来,TfL监管伦敦公交、有轨电车、DLR和出租汽车等的运营情况。2003年,伦敦地铁的运营也由TfL统一监管。伦敦交通署的主要职责包括:决定公共汽(电)车的运营线路及停靠站设置、发车间隔;制定地铁服务准则和运营时间表;决定换乘车站的建设、轨道线路的新建和延长;出租汽车和PHV牌照的发放和管理等。

伦敦市的公共汽(电)车运行由伦敦公共汽(电)车公司统一经营管理,其职责包括运营线路设计、公交服务监管以及公交站点管理等。公共汽(电)车公司通过招标委托私营企业负责公交线路的运营并签订合同,私营企业必须按合同要求提供一定水平的公共交通服务。TfL定期对公交线路运营商的运营绩效进行考核和评估,每个季度的评估与前两年同一季度的数据进行对比,评估内容包括计划运营里程与实际运营里程之比、发车频率、夜宵线准点率、乘客满意,评比出模范线路和运营商。除了每个季度的考核,每年也有一次对所有线路和所有运营商的综合评估,每年淘汰一部分不合格的公共交通运营商并重新进行招标。

3)政策保障

(1)公共交通发展战略方向。

1998年,伦敦政府颁布《交通运输一体化白皮书》(*Integrated Transport White Paper*,ITWP),正式认可减少出行需求、建立一体化的交通规划和需求管理体系、改善公共交通服务以减少对小汽车交通依赖的重要性。2000年,伦敦市前任市长肯·利文斯通针对伦敦交通拥挤、公共交通客运量持续下降的状况,首次发表了《伦敦市长交通战略》(*Mayor's Transportation Strategy*),提出"让每一个人更好地出行",并指出只有大容量的公共交通系统才能有效地支持巨大的交通出行需求,才能使交通建设与经济发展相互促进,同时要求把对环境的影响降到最低,使人们的出行效率和安全系数最高。《伦敦市长交通战略》提出:扩大地铁容量、缓解拥挤、增加发车频率、提高准点率;改善公交服务,包括提高车速和可靠性;改善关键换乘站,提供更好的信息服务;鼓励公众使用公共交通工具,减少私家车出行比例等。2000年后,伦敦市政府加大了对公共交通的补贴力度,基础设施和服务水平得到较大改善。公交客运量开始快速上升,2007年到达了1962年以来的新高——23亿人次。

(2) 公共财政支持。

财政政策是伦敦公共交通网络顺畅运营的重要保证。伦敦一度是世界上公共交通费用,尤其是地铁费用较高的几个城市之一,这些费用主要由乘客负担。2000年后,伦敦政府正式认可了对改善基础设施和服务水平类项目提高投资力度的必要性,财政政策开始向降低公共交通费用方向转移。此后,伦敦政府开始对交通系统进行持续资助,批准了多项投资项目,这些投资项目包括伦敦公交车辆的更新和升级、轻轨线路的延伸以及iBus卫星公交定位项目的引进等,公交系统在容量和服务水平上都有了较大提高,同时,公交费用有所降低(图3-10)。此外,2003年开始实行了拥堵收费,这样做可以提高私人小汽车出行的成本,从而增加公共交通出行的竞争力。在这些因素综合作用下,公交客运量大幅上升。1999—2006年间,公交客运量增加了45%,运营里程增加了近1/3(图3-11),每天24h营业的夜间公交线路也从57条增加到了100多条。轨道交通的运营里程也在逐年增加,同时地铁客运量从2002年的9.4亿人次增加至2006年的10亿人次(图3-12),2007年又继续增至11亿人次,达到历史新高。

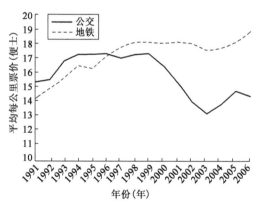

图 3-10 伦敦公交和地铁平均每公里票价
(100 便士 = 1 英镑)

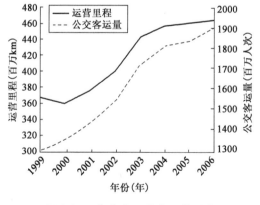

图 3-11 公交客运量和运营里程

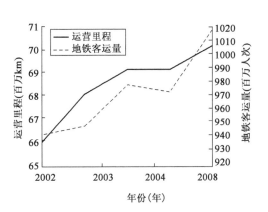

图 3-12　地铁年客运量与运营里程

2008 年,伦敦继续在财政上大力支持公共交通建设,市长鲍里斯·约翰逊(Boris Johnson)在其发表的《未来之路:规划更好的交通》(*Way to Go: Planning for Better Transport*)中提到,伦敦政府为 2007—2017 年的大运量公共运输系统改善投资了 390 亿欧元以保障主要项目的实施,这些项目包括地上铁路网络的扩建、地铁服务的升级等。

4）经验借鉴总结

伦敦先期选择了以私人小汽车为主要出行方式的伦敦,在后期转而积极发展公共交通,使主要出行方式由私人小汽车转移到公共交通,并从整体上达到各种交通方式均衡发展的状态。伦敦经验为我国私人小汽车分担率较高的城市践行公共交通优先发展的道路提供以下借鉴:

(1) 城市土地利用与交通活动系统的均衡发展是公共交通流在空间上均衡的前提;

(2) 要实现从小汽车交通到公共交通的出行模式转变,需要政府在公共交通建设和发展上提供有力的财政保障。

3.3　城市空间布局与公共交通网络协同演化

我国正处于城镇化发展的加速阶段,2011 年,城镇化率首次超过 50%,城镇人口达到 69079 万人,"十三五"以来,新型城镇化取得重大进展,城镇化水平和质量大幅提升,2020 年末全国常住人口城镇化率达到 63.89%,户籍人口城镇化率提高到 45.4%。纵观世界各国城镇化发展历程,城镇化率达到 50% 左右的时期,往往既是城镇化的快速发展期,也是城市矛盾凸显和"城市病"集中爆发的阶段。城市人口的快速增长给城市空间、能源、环境、交通等方面带来了严峻的挑战,成为制约我国提高城市化水平、走可持续发展道路的主要障碍。中华人民共和国成立以来,我国城市土地政策的变更导致城市土地利用效率波动较大,但总体以粗放式利用为主。城市土地规模扩张过快,许多大城市呈"摊大饼"式无序蔓延,在产生大量不必要的交通出行的同时,严重降低了城市土地利用效率。根据对上海等12个城市的调查,城市建成区中闲置土地约占建成区面积的17%,土地闲置率偏高,城市发展水平与城市规模扩张速度脱节。我国统计局数据显示,从2000年到2020年之间,全国城市建成区面积从22439km^2骤增至60721km^2,年均增长率为8.53%,从2000年至2017年,耕地面积由13004万hm^2增至134881万hm^2,大量的人口和有限的耕地面积使我国粮食安全面临着前所未有的挑战。因此,在我国紧缺的土地资源条件下,尽可能地减少城市建设用地对耕地的占用,集约化利用城市土地资源,是保障我国粮食安全的重要前提。此外,快速城镇化带来的城镇人口骤增意味着城市在物质生活、精神生活、文化生活以及社会生活等方面的需求骤增,而这些需求都要以城市土地的生产功能与承载功能为基础。因此,保障城市空间集约化布局是城镇化加速阶段城市有序发展的前提。

在快速城镇化背景下,城市与城镇密集区交通拥挤、能源消耗和废气排放等问题进一步加剧,需要建立集约高效、节能环保的公共交通系统,以满足市民多样化的出行需求,并以公共交通为导向,支持城市的空间结构和产业布局走向集约型、紧凑型的发展之路。公共交通与城市空间布局的相互协调发展,关系着我国满足基本民生需求、落实节能环保战略、城市可持续发展的重大议题,研究二者的协同演化关系,能充实城市空间规划理论的内涵,指导人口密集型城市和城镇走向集约环保的可持续发展道路,具有迫切的现实需求和实践价值。

3.3.1 城市空间布局与交通系统相互作用研究综述

城市空间布局与交通系统之间存在着复杂的动态影响关系。地理学家 S. Adams 通过研究美国城市在不同交通方式时代的空间形态,将城市空间布局演变划分为四个阶段:步行马车时代,城市具有紧凑、小规模的空间布局特点;电车和火车时代,城市空间主要沿着有轨电车和火车线路主干道延伸,呈轴线放射状空间布局;小汽车时代,城市空间可达性逐渐提高,规模呈同心环状扩张;高速路及环路时代,城市空间规模进一步扩展,呈多核心、分散状布局。历史证明,交通方式的变革对城市空间的密度、规模等有深刻的影响。

西方国家对城市空间布局与城市交通的互动机制的研究已有近一个世纪的历史,成果较为丰富。宏观层面的研究主要集中在城市交通组织与城市空间规模、形态的关系，以理论模型为主。1925年，E. W. Burgess基于土地利用和交通可达性因素，最早提出了城市空间布局的同心圆理论（Concentric Zone Theory），将城市空间布局分为中央商务区（Central Business District, CBD）、居住区和通勤区3个同心圆地带；之后，Babcock更进一步考虑了交通走廊对同心圆模式的影响，提出了"轴向-同心圆理论"。1934年，Homer Hoyt通过对北美洲城市进行研究，提出了城市空间沿阻碍最小的交通干线向外延伸的模式，即扇形理论（Sector Theory）。1945年，C. D. Harris和E. L. Ullman进一步考虑了城市地价房租以及城市活动的聚集和分散效应，提出了大城市的多核心理论（Multi-nuclei Theory）。这些研究是交通对城市空间布局宏观影响作用的初步探索，主要停留在理论层面，难以指导城市实际规划布局。中微观层面的研究主要探讨城市活动区位选址以及交通组织与城市土地利用各要素之间的关系。早期的研究是古典经济学派在理想市场模式下对经济活动区位选择及其空间分布的探讨，其中较为经典的有J. H. von Thunen的农业区位论、A. Weber的工业区位论、W. Christaller的中心地理论以及A. Losch的市场区位论。

20世纪后半叶，随着经济学和数学的发展，研究者开始对城市活动区位因素与交通的关系进行数理研究，其中，较为经典有H. Hoyt和P. B. Andrews的经济基础理论（The Economic Base Theory）、Lowry活动分布模型、Hutchinson模型等。1971年美国运输部提出"交通发展和土地发展"的课题之后，又进一步引发了对现代城市交通系统与城市土地利用关系理论的研究热潮，人们发展了一系列交通系统与土地利用关系的研究模型，包括标准规划数学模拟模型、基于投入-产出分析理论的多元空间模拟模型、城市经济学模型和微观模拟方法模型等。1993年，城市空间结构与城市交通的研究进一步深入公共交通领域，P. Calthorpe在其《下一个美国都市》（*The Next American Metropolis*）一书中提出了TOD思想，被各国广泛采纳。国内的研究起步稍晚，近期研究成果大都集中于讨论城市交通系统的某一方面（如地铁）和土地利用的某一要素（如就业岗位密度）之间的关系，研究多侧重于城市交通系统对城市发展的影响，城市土地利用变化对城市交通系统作用方面的研究相对薄弱。城市土地利用与交通生成的关系也是国内研究的另一热点，有学者通过比较不同城市形态的交通需求，确定交通网络结构和交通政策的发展方向，引导城市交通需求和交通供给的分布。城市土地利用仅是反映城市功能布局的表征之一，对城市社会经济的持续发展尚缺乏有效的表征方法。城市交通与城市空间布局演化所涉及学科十分广泛，包含了城市交通学、规划学、地理学、经济学、社会学等，增加了研究难度，因此未来的研究仍需要综合地理区位、用地形态、人口与社会结构、产业布局、人文历史、体制机制等要素，更好地分析城市空间布局与城市交通的协同演化机制。

公共交通作为城市交通系统的重要组成部分,因其在节能减排及引导城市集约化布局等方面的优势,越来越受各国研究者的重视。城市空间布局的演变与公共交通的演化是一种相互影响、相互促进的长期动态适应关系,研究其相互作用机制是发展以公共交通为导向的城市空间集约化布局的理论基础和研究前提。哥本哈根"手掌形"的城市以及著名交通专家罗伯特·瑟夫洛(Robert Cervero)所著《公交都市》的研究成果,在逻辑上证明了公交发展与城市发展之间的互动关系,公交(特别是具有良好服务能力的公交)的确具有重新塑造城市空间结构的能力,而北京、上海轨道交通在高峰时段的拥挤情况,则更加说明了人们对公共交通引导和刺激城市发展的能力的估计不足。越来越多的学者开始强调对城市空间结构特征与交通系统进行协同优化研究的重要性,尤其是在作用过程(时间和空间)的定量分析方面亟待完善。

3.3.2 基于时空特征分析的人口密度空间分布模型——以上海为例

无论是从库里蒂巴还是耳熟能详的哥本哈根"手掌形"城市发展布局的案例来看,在城市空间布局与公共交通系统的互动过程中,城市空间发展密度的分布是最直接也是最重要的因素之一,因为城市空间发展密度直接决定了人口在城市空间范围内的分布、活动强度,以及在城市活动作用下人口在空间上的转移过程。传统的交通调查一般包括家庭出行访问、核查线调查和跟车流量调查等,时间和经济成本较高,且数据样本有限,虽对出行行为有较强的解释性,但对城市人口移动的时间和空间过程的研究支撑性较差。随着移动通信技术的发展和地理信息系统的完善,手机信令数据已逐渐成为大数据解决交通问题的又一有效数据源。手机信令数据以其精确性高、覆盖面广和用户数量大等优点,有效弥补了传统交通数据在时间、空间覆盖率上的不足,为基于时空特征的交通出行过程分析提供了支撑。本部分基于上海市手机信令数据,对城市人口密度在时间和空间上的分布及其与公共交通的关系进行了探讨。

上海市手机移动基站遍布上海市域,中心城区较为密集,外围区域相对稀疏,平均密度约为 5.91 个$/km^2$,用基站地理位置估计用户位置已可达理想精度。相关研究表明,上海市中心区域在人口密度、活动强度等方面显著高于外围区域,因此,我们重点选取内环以内区域进行研究。由于手机基站并非均匀分布,我们将研究区域划分为 28×28 个栅格,每个单元格的面积约为 $1km^2$,并以单元格的中心作为新的样本点。对手机基站用户数根据单元格进行集聚,再通过考虑手机用户占总人口的比例来对数据进行修正,从而得到每个样本点的人口密度估计值。我们搜集了上海市某一个正常工作日 24h 的手机信令数据。所搜集的数据在获取之前就对用户识别码进行了加密替换，数据只包含已加密的用户识别码、时间和活动基站的经纬度，不包含任何个人信息。我们在分析之前也对数据进行了按小时、按单元格的重新整合，因此以下的分析及图示均不涉及用户隐私。

受城市活动吸引的人口移动是个连续的空间过程，因此，在邻近高人口密度区域的地点，人口密度高的可能性也较大，而任何两个地点间的空间关联性也会随着距离的增加而减弱。基于此，我们假设最基本的空间关联结构及两点之间的关联由两点之间的距离决定，与方向无关。因此，构造两点人口密度的协方差关于两点间距离的函数：

$$\mathrm{Cov}[Y(s_i),Y(s_j)] = C(d) \tag{3-1}$$

式中：s_i——第 i 个样本点；

$Y(s_i)$——样本点 s_i 的人口密度；

d——样本点 s_i 和 s_j 间的距离。

半变异函数（Semivariogram）是空间随机过程中研究连续空间关联性和变异性的关键函数，反映空间任意两点的性质随距离变化的变化情况。半变异函数的核心为相同间距样本点的方差：

$$\gamma(d) = \frac{1}{2}E[Y(s_i) - Y(s_j)]^2 \tag{3-2}$$

图 3-13 为将研究区域内早上 5:00—10:00 所有样本点的人口密度数据代入后的半变异函数经验图。图中显示了空间任意两点的人口密度关联性随距离增加而逐渐减弱，当距离大于 33km 之后关联性急剧下降，可以近似认为，距离大于 33km 之后空间任意两点的关联性已经微弱到可以忽略不计了。根据半变异函数的形状，利用最小二乘法进行拟合，发现高斯半变异函数模型对上海外环内区域不同时段人口密度数据具有较好的拟合结果，具体模型参数在不同时段略有不同，但无显著差异。

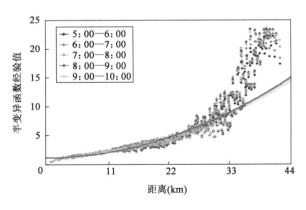

图 3-13　半变异函数经验值

$$\gamma(d) = \begin{cases} \tau^2 + \sigma^2[1 - \exp(-d^2/\phi^2)], & d > 0 \\ 0, & \text{其他} \end{cases} \quad (3\text{-}3)$$

式中：ϕ——半变异函数的一个重要参数，通常称为"尺度参数"，表示空间自相关在距离上的衰减程度。

进而，利用内嵌高斯半变异函数的普通 Kriging 模型进行空间插值，从离散样本点人口密度数据映射到研究范围内整个连续空间的人口密度分布。图 3-14 为早上 5:00—10:00 每个小时的人口密度空间分布情况。为了最直观地展现人口密度分布，我们将连续空间的人口密度按照 Jenks 自然分段法进行聚类，使组间方差最大化、组内方差最小化，按人口密度从低到高分为 6 类，分别对应图中由浅至深的颜色。数据按小时汇总，不可避免地引入了集聚误差，使得人口密度估算的绝对值普遍偏大，但这并不影响密度之间的相互比较。

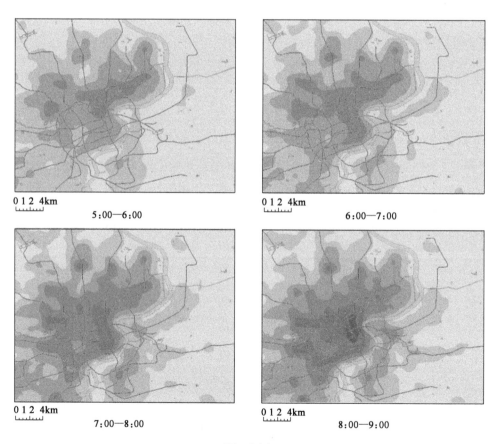

图 3-14

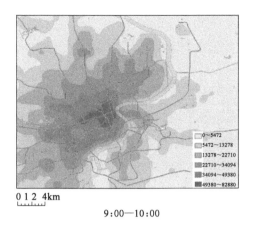
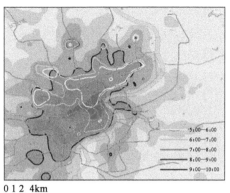

9:00—10:00　　　　　　　　　5:00—10:00等高线图

图3-14　上海市中心城区人口密度时间空间分布图

纵观5:00—10:00的人口密度分布，人口密度由相对均匀分布发展至双中心汇聚型分布，主要经历了3个阶段：空间扩张阶段、整体增长阶段和局部骤增阶段。5:00—6:00，上海市中心城区人口密度空间分布相对均匀，并呈现微弱的多中心发散分布。大部分区域人口密度较低，不超过2.3万人/km²，人口密度高于2.3万人/km²的较高密度区域形成几个微弱的中心，主要包括真如区域、大华区域以及闸北、虹口、杨浦的部分区域。接下来的1h(6:00—7:00)，几个较高密度区域开始向周围扩张，并逐渐相互连接，在空间上形成较高人口密度走廊，显示部分居民开始离开居住区域，向中心区域靠近，而在此过程中人口密度上限未出现明显增长。7:00—8:00，较高密度(人口密度高于2.3万人/km²)区域面积持续扩张，同时，整个区域的人口密度开始增长，呈现多个高密度(突破3.4万人/km²)中心，散布在市中心以及外围区域。8:00—9:00，较高密度区域面积无明显扩张，整体密度持续增长，黄浦区部分区域形成极高密度中心，密度突破4.9万人/km²。9:00以后，整体人口密度无明显增长，内环以外区域人口密度有所下降，而黄浦区和静安寺大部分地区人口密度则持续增长，极少数地区的人口密度非常高，最大值甚至高达8万人/km²。等高线图展示了各个时间段较高密度区域(密度大于2.3万人/km²)面积往西北方向的扩张过程，由5:00开始，在7:00—8:00之间达到扩张高峰，并在8:00之后停止扩张。

在上海市中心城区人口密度随时间变化的整个过程中，不难发现上海地铁线路的空间布局与人口密度空间分布的高度吻合性：外围区域高密度人口中心均由地铁系统串联，并直接引向内环以内区域，无须换乘；较高密度区域的逐渐沿地铁线路扩张；极高密度区域则对应了地铁线路密度最高、站点最密的黄埔、静安等中心商区。居住、通勤区域与轨道交通空间布局的高度吻合无疑为缓解上海市地面交通压力做出了显著贡献，这也是上海公共交通分担率在全国较高水平的重要经验之一。

城市空间布局与公共交通之间存在着相互依赖、相互影响的复杂动态关系。以公共交通为导向,适应公共交通服务的城市空间布局对公共交通的发展有着不可忽略的促进作用,而与公共交通背道而驰的城市规划理念则会减缓甚至抑制公共交通的发展。我国正处于城镇化发展的快速阶段,城镇人口的骤增对城市土地的生产功能与承载功能都提出了更高的要求。以公共交通为导向支持城市的空间结构和产业布局走向集约型、紧凑型发展,是我国满足基本民生需求、落实节能环保战略、城市可持续发展的必经之路。正确处理城市空间布局与公共交通系统的相互作用关系,引导人口密集型城市和城镇走向集约、环保的可持续发展道路,具有迫切的现实需求和实践价值。

3.4 公共交通优先发展财政政策研究

近几十年来,城市土地无序扩张与职住空间严重失衡,使得高机动性需求成为当代中国城市的显著特征。机动性(Mobility)不再是一种选择,而是成为一种人们参与城市社会活动、建立良好社会联系,以及获取就业、就学、就医和供电、供水、电信等公共服务资源的必要前提。然而,但机动性能力并非人人相同,由于体能、技能、经济条件、地域归属等原因,某些弱势交通群体的实际机动性能力低于其他群体,从而导致社会排斥(Social Exclusion)的现象。弱势交通群体很大程度上表现出受抑制(Suppressed)的出行特征,除了必要的通勤出行,他们往往倾向于避免或延缓一些社交和休闲出行。机动性能力同时也限制他们就业、就学的可达范围,以及对基本公共服务的获取能力。因此,这些人群常有被孤立、经济困顿、人际关系贫乏、社会边缘化等危险。为了降低社会排斥的风险,必须保障弱势交通群体享有最低水平的基本机动性能力(Basic Mobility)。在此背景下,由于这些社会因素导致的机动性需求被称为交通社会化需求(Transport Social Needs,TSN)。

在西方发达国家,交通社会化需求通常被归属为极小部分群体的社会公平正义问题,然而在中国,这种需求的影响不可忽视。首先,中国还在经历快速城镇化过程,大量务工人员从农村地区涌入城镇,这些务工人员及其子女的出行需求未得到重视。其次,中国正在加速进入老龄化社会,据保守估计,到2050年中国老年人口比例将突破30%,劳动人口比例将由目前的70%~80%下降到50%左右。目前,城市交通系统主要是服务于通勤和处在工作年龄的群体,老年人看病、访友和接送儿童等出行需求处于受抑制状态。未来人口结构发生的深刻变化,将倒逼交通设施供给与交通政策做出相应变革:从"以满足通勤交通需求为导向"迈向"以可包容机动性为导向"的交通发展模式。受抑制的交通社会化需求将得到释放,成为城市交通需求的"新常态"。

英国、美国、加拿大、澳大利亚等许多国家的立法机构均要求通过改善交通服务满足弱势交通群体的交通社会化需求,其中最关键的响应措施都集中在公共交通领域,比如引入低地板式公交车,开辟方便抵达医疗服务机构、购物中心的公交线路以及响应式定制公交线路等。虽然解决交通社会化需求有其法理依据,但在实际工作中,公交财政问题成为落实这些措施的最大阻碍。为解决社会排斥问题,英国从2005年开始实施"可达性规划项目"(Accessibility Planning Program),在英国政府的支持下,城市边缘地区公交服务得到极大改善。然而当中央政府缩减财政资助时,各地公交机构无力维持为弱势交通群体提供的公交服务。澳大利亚和加拿大的实践经验也证明,仅依靠地方公交财政无法支撑与满足交通社会化需求,必须建立自上而下完整的财政资助体系。

2012年,《国家基本公共服务体系"十二五"规划》明确将"城市建成区公共交通全覆盖"纳入国家基本公共服务体系,交通需求的社会属性逐渐受到关注。然而,目前城市公交资金筹集职责几乎全部由地(市)级政府承担,中央政府对公交发展缺乏有效的财政调控抓手,因此,支撑交通社会化需求具体政策、措施的落实仍需要从中央财政层面着手。在此背景下,本节主要探讨公共交通财政的以下两个方面问题:①从整体规模上,构建中国城市交通社会化需求的测度方法,以及估算支持这些交通社会化需求的中央财政投资量;②从城市资源分配的角度出发,研究中国交通社会化需求与公共交通地方财政分布的匹配情况,同时建立一个提高区域公平性的中央公共交通财政再分配机制。

3.4.1 交通社会化需求测度

1)测度方法概述

"交通社会化需求"的定义为:弱势交通群体获取基本公共服务的基本机动性需求。如前文所述,公共交通是保障基本机动性能力的"安全底线"。为方便度量,这种需求也可阐释为由于社会弱势因素产生的公交出行机动性潜在需求。区别于以往大部分研究,本书中交通社会化需求的量纲为"人公里"(人·km),不单考虑公交乘客出行次数,而且纳入这些出行的平均距离,强调城市空间维度对交通社会化需求的影响。因此,交通社会化需求最终表达为社会化需求出行量(Social Needs Trip Volume,SNTV)与社会化需求

出行距离(Social Needs Travel Distance,SNTD)的乘积:

$$TSN_k = SNTV_k \cdot \overline{SNTD_k^l} \quad (3-4)$$

式中:TSN_k——城市 k 的交通社会化需求;

$SNTV_k$——城市 k 的社会化需求出行量;

$SNTD_k^l$——城市 k 中公交乘客到基本公共服务设施 l 的出行距离;

$\overline{SNTD_k^l}$——城市 k 中公交乘客到所有基本公共服务设施出行距离的均值,也就是该城市的社会化需求出行距离均值。

2)社会化需求出行量

本书运用多变量回归模型来度量各城市的社会化需求出行量,以城市公交载客量为因变量,根据文献分析结果及数据的可获取性,确定了纳入模型的三大类自变量:

(1)社会经济因素。

①x_1——失业人口(城镇登记失业人口,万人);

②x_2——文盲人口(14 岁以上城镇文盲人口,万人);

③x_3——老年人口(60 岁以上城镇人口,万人);

④x_4——儿童人口(14 岁以下城镇人口,万人);

⑤x_5——学生人口(初高中学生人口,万人);

⑥y_1——收入水平(城镇在岗职工平均工资,元);

⑦y_2——私人小汽车拥有率(辆/千人)。

(2)土地利用因素。

①y_3——城市建成区面积(km^2);

②y_4——城区人口密度(万人/km^2)。

(3)公交供给因素。

①y_5——公交车辆拥有量(标台);

②y_6——公交线网密度(km/km^2);

③y_7——公交车辆密度(标台/km)。

回归方程可以表示为(所有变量标准化以消除量纲影响):

$$\tilde{R} = \sum_{i=1}^{n} \alpha_i \tilde{x}_i + \sum_{j=1}^{m} \beta_j \tilde{y}_j \quad (3-5)$$

式中:$\tilde{R}$——城市公交年载客量;

$\tilde{x}_i$——社会弱势交通群体的变量,共有 n 个;

$\tilde{y}_j$——其他社会经济、土地利用及公交供给因素的变量,共有 m 个;

α_i——自变量 $\tilde{x}_i$ 的标准回归系数;

β_j——自变量 $\tilde{y}_j$ 的标准回归系数。

根据定义,式(3-5)右边第一部分代表由于社会弱势因素造成的社会化需求出行量 $\widehat{SNTV}$,即:

$$\widehat{SNTV} = \sum_{i=1}^{n} \alpha_i \tilde{x}_i \tag{3-6}$$

由于本书所采集的各类社会弱势人口数据存在高度共线性,研究采用主成分回归模型(Principal Component Regression,PCR)进行回归分析。

首先,运用主成分分析对原始变量进行降维处理,原始变量通过线性变换转变为不相关的几个主成分。在本书中,第一主成分解释了 80% 以上方差,可以仅用第一主成分 prin 代表所有原始变量:

$$\text{prin} = \sum_{i=1}^{n} \delta_i \tilde{x}_i \tag{3-7}$$

式中:δ_i——第一主成分的权重系数。

其次,我们将第一主成分 prin 和其他自变量 $\tilde{y}_j$ 对 $\tilde{R}$ 作回归:

$$\tilde{R} = \varphi \cdot \text{prin} + \sum_{j=1}^{m} \beta_j \tilde{y}_j = \sum_{i=1}^{n} \varphi \delta_i \tilde{x}_i + \sum_{j=1}^{m} \beta_j \tilde{y}_j \tag{3-8}$$

式中:φ——第一主成分 prin 在回归方程中的系数。

根据回归结果,我们得到标准化的社会化需求出行量,即:

$$\widehat{SNTV} = \sum_{i=1}^{n} \alpha_i \tilde{x}_i = \sum_{i=1}^{n} \varphi \delta_i \tilde{x}_i \tag{3-9}$$

以上所有分析都是基于标准化数据,我们做以下非标准数据转换:

$$\tilde{R} = \frac{R - \bar{R}}{\sqrt{D_R}}, \quad \tilde{x}_i = \frac{x_i - \bar{x}_i}{\sqrt{D_{x_i}}}, \quad \tilde{y}_j = \frac{y_j - \bar{y}_j}{\sqrt{D_{y_j}}} \tag{3-10}$$

式中:$\bar{R}$——因变量 R 的均值;

D_R——因变量 R 的方差;

$\bar{x}_i$——x_i 的均值;

D_{x_i}——因变量 x_i 的方差;

$\bar{y}_j$——y_j 的均值;

D_{y_j}——因变量 y_j 的方差。

最终得到非标准化回归系数和非标准化的社会化需求出行量：

$$\alpha'_i = \varphi\delta_i\sqrt{\frac{D_R}{D_{x_i}}} \tag{3-11}$$

$$\text{SNTV} = \sum_{i=1}^{n}\alpha'_i x_i = \sum_{i=1}^{n}\varphi\delta_i x_i\sqrt{\frac{D_R}{D_{x_i}}} \tag{3-12}$$

3）社会化需求出行距离

社会化需求出行距离代表了弱势交通群体乘坐公交到达社会公共服务设施的平均出行距离，本书运用高度集计化的数据对此进行简单估算，为计算方便，做出以下3个基本假设：

(1) 均等分布假设：社会公共服务设施及弱势交通群体都在城市建成区（BA_k）内平均分布，对于服务设施 l 而言，整个城市空间被分割为了 N_k^l 个服务区域。假设每个服务区域都为当量圆形区域，其半径为 $r_k^l = \sqrt{BA_k/\pi N_k^l}$。

(2) 重力模型假设：弱势交通群体到各类服务设施的出行符合重力模型分布，即出行量与服务设施的吸引力成正比，与距离的平方成反比。另外，我们假设同类服务设施的规模及其吸引力不存在差异，因而出行量仅与距离有关。

(3) 边界约束假设：弱势交通群体只乘坐公交前往其所在的服务区域及其毗邻服务区域，到所在服务区域设施的出行距离为 $0.5r^l$，到相邻区域设施的出行距离为 $2r^l$。

根据前述定义与假设，城市 k 中公交乘客到基本公共服务设施 l 的出行距离 SNTD_k^l 为：

$$\text{SNTD}_k^l = 0.5r_k^l \cdot \frac{1/(0.5r_k^l)^2}{1/(0.5r_k^l)^2 + 1/(2r_k^l)^2} + 2r_k^l \cdot \frac{1/(2r_k^l)^2}{1/(0.5r_k^l)^2 + 1/(2r_k^l)^2} = \frac{10r_k^l}{17} \tag{3-13}$$

3.4.2 中央公交财政资助分配

1）财政资助分配方法概述

中央公交财政资助（Central Government Grant，CGG）的定义为支撑弱势交通群体交通社会化需求的中央政府财政资金需求，其数学表达式为：

$$\text{CGG} = \sum_{k}^{K}\text{TSN}_k \cdot \text{SUB} \tag{3-14}$$

式中：$\sum_{k}^{K} \text{TSN}_k$——全国交通社会化需求总量，$K$ 表示城市的个数；

$\quad\quad$ SUB——中央公交财政对交通社会化需求的单位人公里补贴金额。

在实际补贴政策制定过程中，单位人公里补贴由决策者根据财政支出预算、公交需求发展趋势、公交运营成本等因素综合考虑决定。本书认为，单位人公里公交运营成本可以作为设置补贴水平的关键参考值。单位人公里补贴可以简单地表达为全国平均单位人公里公交运营成本的某一比例。

从国际经验来看，公交财政资金的分配依据包括财政成本或财政赤字、公交载客量、公交服务绩效以及城市社会经济特征等因素。本书进行中央公交财政资助分配的基本依据为财政成本，即地方政府获得中央财政资助额度大体上与其支撑交通社会化需求所支付的公交运营成本成正比。然而在实际操作过程中不能直接以运营成本作为分配的权重标准。首先，城市层面数据存在可获取性问题：各城市单位人公里公交运营成本存在差异，但又缺乏可靠的统计数据。另一重要原因是，单位运营成本不仅与城市规模、人口密度等客观特征相关，而且与运营效率、线网设计水平等主观可控因素紧密相关。若直接以运营成本作为分配权重，很可能会出现运营效率高的城市反而受资助水平低的情况，进而对运营、设计等公交改良措施产生一定程度的反激励作用。

为了解决这些问题，本书首先将剥离单位运营成本中的客观因素，并结合数据的可获取性，确定反映客观因素的替代指标。然后基于该替代指标对城市进行分类，最终建立基于城市类别分析的中央公交财政分配"两步法"。

2）资助城市类别分析

为了将单位人公里公交运营成本中的客观因素与运营效率、线网设计等因素剥离，研究运用因素分解法进行分析。

$$\text{CPPK}_k = \frac{\text{CPRK}_k \cdot \text{RKPV}_k}{\text{BRPV}_k \cdot \text{PTD}_k} = \text{CPRK}_k \cdot \text{FPV}_k \cdot \frac{\text{BRL}_k}{\text{BRL}_k} \cdot \frac{1}{\text{BRPV}_k} \quad (3\text{-}15)$$

式中：CPPK_k——城市 k 的单位人公里公交运营成本（Cost Per Passenger Kilometer）；

$\quad\quad \text{CPRK}_k$——城市 k 的单位汽车公里公交运营成本（Cost Per Revenue Kilometer）；

$\quad\quad \text{BRPV}_k$——城市 k 的平均公交单车载客量（Bus Ridership Per Vehicle）；

$\quad\quad \text{RKPV}_k$——城市 k 平均单车运营里程（Revenue Kilometers Per Vehicle）；

$\quad\quad \text{PTD}_k$——城市 k 的平均公交乘客出行距离（Passenger Travel Distance）；

$\quad\quad \text{FPV}_k$——城市 k 的平均单车公交发车班次（Frequencies Per Vehicle）；

$\quad\quad \text{BRL}_k$——城市 k 的公交线路平均长度（Bus Route Length）。

式(3-15)中,等号右边第一部分是单位汽车公里公交运营成本($CPRK_k$),基本上由一个城市的公交运营效率、工资和油价水平决定;第二部分是平均单车公交发车班次(FPV_k),代表了一个城市的公交整体服务水平;第三部分是公交线路平均长度与平均公交乘客出行距离之比(BRL_k/PTD_k),通常需要符合设计规范(一般取值为 1.5~2.0);最后一部分是平均公交单车载客量的倒数($1/BRPV_k$),主要反映城市客观因素对公交运营成本差异的影响。

基于以上分析,本书根据平均公交单车载客量与城市规模、人口密度两个客观指标的关系对城市进行分类,分类标准如下:

小城市:城区人口小于 50 万人。

中等城市:城区人口大于 50 万人小于 100 万人。

大城市:城区人口大于 100 万人。

低密度城市:城区人口密度小于 1 万人/km²。

高密度城市:城区人口密度大于 1 万人/km²。

图 3-15 显示了 6 类不同城市的平均公交单车载客量水平。总体而言,城市规模越大、人口密度高的城市,其平均公交单车载客量也越大。

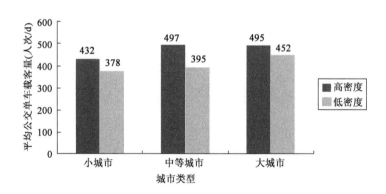

图 3-15 6 类城市的平均公交单车载客量

3)财政资助分配"两步法"

在城市分类的基础上,我们可以合理地假定,各类之间的单位运营成本差异是城市规模与人口密度等客观因素造成的差异,而各类内部的差异则来源于运营效率、服务水平及设计水平等其他主观可控因素。利用该差异性特征,本书提出中央公交财政资助分配的"两步法":首先将全国资助总额在 6 类城市之间进行组间分配,分配的权重主要考虑不同类别城市的平均公交单车载客量水平(即单位运营成本的客观因素);其次对各类城市分配总额实行组内分配,分配的权重为各城市交通社会化需求在该类城市总需求中的占比。

步骤一:组间分配。

$$\mathrm{CGG}_\theta = \frac{(\mathrm{TSN}_\theta)^\lambda \cdot \left(\dfrac{1}{\overline{\mathrm{BRPV}_\theta}}\right)^\mu}{\sum\limits_\theta^\Theta (\mathrm{TSN}_\theta)^\lambda \cdot \left(\dfrac{1}{\overline{\mathrm{BRPV}_\theta}}\right)^\mu} \cdot \mathrm{CGG} \qquad (3\text{-}16)$$

式中:CGG_θ——城市类别 θ 的中央公交财政资助总额;

TSN_θ——城市类别 θ 的交通社会化需求总量;

$\overline{\mathrm{BRPV}_\theta}$——城市类别 θ 的平均公交单车载客量水平;

λ 和 μ——调整系数,默认均为1。

步骤二:组内分配。

$$\mathrm{CGG}_k = \frac{\mathrm{TSN}_k}{\sum\limits_k^{\Theta_\theta} \mathrm{TSN}_k} \cdot \mathrm{CGG}_\theta \qquad (3\text{-}17)$$

式中:CGG_k——城市 k 的中央公交财政资助额度;

Θ_θ——城市类别 θ 中的城市数量。

4)研究数据

数据来源主要为官方公开的统计年鉴,见表3-3。为了进行回归分析,收集了252个中国地级城市的各项数据。其中,老年人口、文盲人口等数据均来源于2010年第六次人口普查资料(包括27个省、自治区,4个直辖市)。大部分土地利用与公交供给数据来源于《中国城市统计年鉴》与《中国城市建设统计年鉴》,一些社会经济数据来源于《中国区域经济统计年鉴》。在中央公交财政资助分配分析中,各城市的公共交通投资数据来源于《中国城市建设统计年鉴》。

数据来源　　　　　　　　　　　表3-3

名称	变量	数据来源	年份(年)
城镇登记失业人口	x_1	中国城市统计年鉴	2010
城镇文盲人口	x_2	第六次人口普查资料	2010
60岁以上城镇人口	x_3	第六次人口普查资料	2010
14岁以下城镇人口	x_4	第六次人口普查资料	2010

续上表

名称	变量	数据来源	年份(年)
初中、高中学生人口	x_5	中国城市统计年鉴	2010
城镇在岗职工平均工资	y_1	中国城市统计年鉴	2010
私人小汽车 拥有量	y_2	中国区域经济统计年鉴	2010
城市建成区面积	y_3	中国城市统计年鉴	2010
人口密度	y_4	中国城市统计年鉴	2010
公交车辆数	y_5	中国城市建设统计年鉴	2010
公交线网密度	y_6	中国城市建设统计年鉴	2008
公交车辆密度	y_7	中国城市建设统计年鉴	2008
公交载客量	R	中国城市建设统计年鉴	2010
公共交通财政投资	—	中国城市建设统计年鉴	2001—2008
医院、卫生院数	$N_k^{hea.}$	中国城市统计年鉴	2010
学校数	$N_k^{edu.}$	中国城市统计年鉴	2010
邮政局数	$N_k^{pos.}$	中国城市统计年鉴	2010

为了估算中央公交财政资助总额,收集了10个典型城市的单位人公里公交运营成本数据,其均值为0.529元/(人·km)(表3-4)。

10个典型城市的平均人公里公交运营成本　　表3-4

城市	长春	大连	西安	南京	成都	郑州	太原	深圳	上海	沈阳
平均人公里公交运营成本(元)	0.471	0.658	0.400	0.752	0.303	0.432	0.373	0.577	0.644	0.675

5）中国交通社会化需求规模与相对分布

在主成分分析中,第一主成分解释方差占91.75%,可以代表5个原始变量:

$$\text{prin} = 0.45\tilde{x}_1 + 0.444\tilde{x}_2 + 0.456\tilde{x}_3 + 0.455\tilde{x}_4 + 0.431\tilde{x}_5 \quad (3\text{-}18)$$

回归分析结果见表3-5,方差膨胀因子均小于10,表明自变量之间已经不存在显著的共线性。R^2为0.893,说明回归模型可以解释将近90%的公交载客量差异。6个自变量显著相关,其中3个显著水平为99%,另外3个为95%。与预期结果一致,代表社会弱势变量的第一主成分与公交载客量正相关,城市建成区面积和3个公交供给变量也呈正相关关系,私人小汽车拥有率则呈负相关关系。

公交载客量的主成分回归模型结果　　　　表3-5

自变量	回归系数		显著水平	共线性诊断	
	系数	标准差		容忍度	方差膨胀因子
（常数）	2.97×10^{-16}	0.021	1.000	—	—
第一主成分(prin)	0.098	0.023	0.000	0.174	5.734
收入水平($\tilde{y}_1$)	0.024	0.028	0.403	0.534	1.871
私人小汽车拥有率($\tilde{y}_2$)	-0.103	0.033	0.002	0.407	2.46
城市建成区面积($\tilde{y}_3$)	0.172	0.041	0.000	0.255	3.928
人口密度($\tilde{y}_4$)	-0.02	0.026	0.436	0.66	1.515
公交车辆数($\tilde{y}_5$)	0.643	0.049	0.000	0.178	5.607
公交线网密度($\tilde{y}_6$)	0.051	0.026	0.047	0.66	1.515
公交车辆密度($\tilde{y}_7$)	0.056	0.026	0.032	0.63	1.587

根据式(3-18)得到社会弱势交通群体的非标准化回归系数见表3-6，最终社会化需求出行量可以表达为：

$$SNTV = 348.61x_1 + 671.68x_2 + 89.98x_3 + 128.95x_4 + 111.82x_5 \quad (3-19)$$

社会弱势人口变量的非标准化回归系数　　　　表3-6

社会弱势人口变量(x_i)	非标准化回归系数(α'_i)
失业人口	348.61
文盲人口	671.68
老年人口	89.98
儿童人口	128.95
学生人口	111.82

上述结果从统计意义上说明了在中国城市中，弱势交通群体人数对公交出行量的弹性系数为正，例如失业人口增加1人将导致公交出行需求增加348.61人次。必须说明的是，按照这些弹性系数计算所得的拟合值表征的是一种潜在出行需求，在部分城市这种需求可能由于公交服务供给不足而尚未得到释放。

根据医院、学校、邮政局等3类公共服务设施的拥有量数据，研究按照式(3-19)估算各个城市的社会化需求出行距离，并求出各类城市的平均值(表3-7)。

6 类城市社会化需求出行距离(单位:km)　　　　　　　　　　　表 3-7

城市规模	人口密度							
	低密度				高密度			
	$SNTD^{hea.}$	$SNTD^{edu.}$	$SNTD^{pos.}$	$\overline{SNTD^{l}}$	$SNTD^{hea.}$	$SNTD^{edu.}$	$SNTD^{pos.}$	$\overline{SNTD^{l}}$
小	3.38	1.71	2.02	2.37	3.26	1.59	1.87	2.24
中等	2.59	1.43	1.60	1.87	2.23	1.19	1.42	1.61
大	2.27	1.51	1.62	1.80	1.84	1.22	1.53	1.53

基于社会化需求出行量和社会化需求出行距离,本书计算得到 252 个地级市 2010 年的交通社会化需求,并求得全国交通社会化需求总量约为 376.3 亿人·km。取单位补贴为 0.5 元/(人·km),相应的中央公交财政资助总额为 188.1 亿元。

本书运用人均指标相对分布图来进一步分析地方公交财政供给与交通社会化需求的匹配状况。为了方便比较,两个指标都转换成了对数形式,且都按照 Jenks 自然分段法进行阈值划分。

整体结果呈现散状分布,人均交通社会化需求与人均地方公交财政投资之间并无显著相关关系,这在某种程度上反映了针对弱势交通群体交通政策及其相应公交财政的缺失。从城市规模来看,绝大多数的大城市倾向于"供大于求"(图 3-16):79% 大城市的人均地方公交财政投资在"高于平均"以上,然而 70% 大城市的人均交通社会化需求在"低于平均"以下。与之相反的是,小城市呈现出"供小于求"的分布特征(图 3-17):70% 小城市的人均地方公交财政投资在"低于平均"以下,而 62% 小城市的人均交通社会化需求在"高于平均"以上。与这两类城市相比,中等城市并无明显的供需趋向特征,而是表现为均匀分布(图 3-18)。从人口密度来看,低密度城市相比高密度城市拥有更高的人均需求水平,尤其是小规模的低密度城市。高密度与低密度城市的人均投资水平则无明显差距。本书将人均需求在"高"以上、人均投资在"低于平均"以下的城市作为需要中央财政投资特别关注的城市,共识别出 32 个城市,均为中小城市,其中低密度小城市占了将近 80%。

6)中央公交财政分配结果及其公平效应

表 3-8 显示了 6 类城市的城区人口、交通社会化需求以及本书给出的中央公交财政资助的组间分配情况。正如前文分析所言,低密度小城市应该是中央公交财政资助的重点对象,因此本书提出的财政资助分配方法也更加倾向于该类城市。可以看出,按本书

提出的分配方法,"低密度小城市"的城区人口占比为12.08%,而获得中央资助的比例翻了一番,为25.30%。"高密度大城市"则情况相反:拥有全国29.36%的城区人口,交通社会化需求为18.41%,但只获得了13.93%的中央资助。

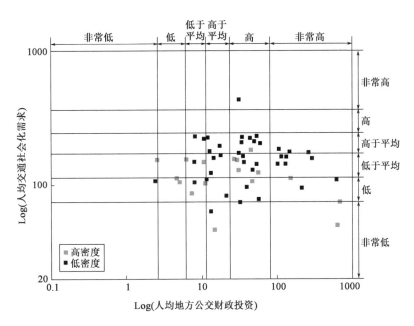

图3-16 大城市:人均交通社会化需求与人均地方公交财政投资的相对分布

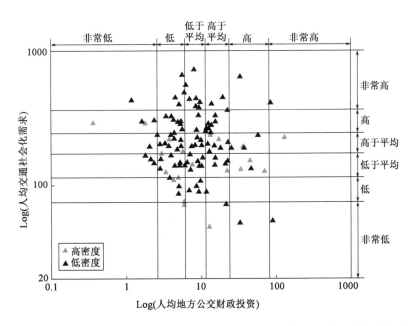

图3-17 小城市:人均交通社会化需求与人均地方公交财政投资的相对分布

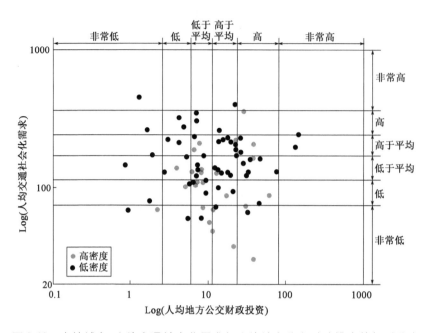

图 3-18 中等城市：人均交通社会化需求与人均地方公交财政投资的相对分布

中央公交财政资助的组间分配结果　　　　　表 3-8

类别	城区人口		交通社会化需求		中央公交财政资助	
	数量（万人）	占比（%）	数量（亿人·km）	占比（%）	数量（亿元）	占比（%）
低密度小城市	3140	12.08	73.35	19.50	47.59	25.30
高密度小城市	665	2.56	9.77	2.60	4.85	2.58
低密度中等城市	3988	15.34	68.42	18.19	40.65	21.61
高密度中等城市	1778	6.84	21.60	5.74	8.11	4.31
低密度大城市	8791	33.82	133.83	35.57	60.72	32.28
高密度大城市	7632	29.36	69.26	18.41	26.21	13.93

与地方公交财政投资相对匹配的实际状况不同，在本书的分配方法框架下，人均交通社会化需求与人均中央公交财政资助之间呈现出线性关系。实际上，两者之间的弹性系数即为相应的单位人公里中央公交财政资助金额。从图 3-19 可以看出，不同类别城市的弹性系数不同，低密度小城市的单位中央资助最高为 0.649 元/(人·km)，高密度大城市与高密度中等城市的单位中央资助最低，分别为 0.378 元/(人·km) 和 0.375 元/(人·km)。

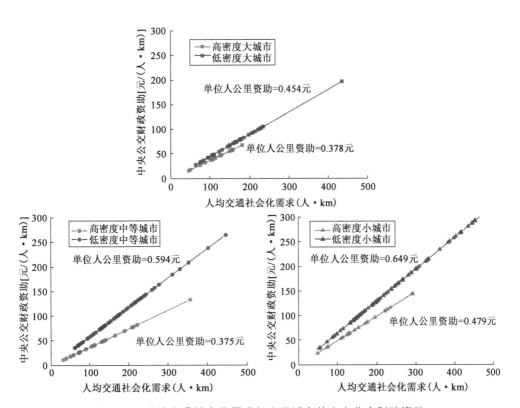

图 3-19 人均交通社会化需求与 6 类城市的中央公交财政资助

为了进一步证实该分配方法的有效性,本书采用洛伦兹曲线和基尼系数来说明中央公交财政资助对全国公交财政投资分布产生的公平效应。在图 3-20 中,横轴表示公交财政的累积百分比,纵轴表示交通社会化需求的累积百分比,45°直线表示公交财政分配的绝对公平状态。可见,目前中国地方公交财政投资分布非常不公平,10% 的交通社会化需求获得了 50% 的资金供给。若考虑中央公交财政资助,公平性将得到极大提高,基尼系数从 0.63 降低至 0.36。

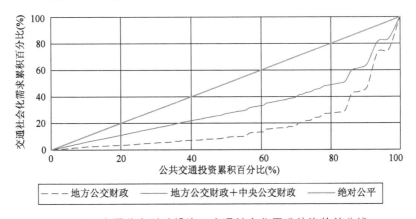

图 3-20 中国公交财政投资 – 交通社会化需求的洛伦兹曲线

一方面,在快速城镇化的社会空间分异与重构过程中,弱势交通群体往往被空间边缘化,也使得机动能力成为他们均等获取社会基本公共服务的主要障碍之一。社会老龄化对人口结构变化趋势的剧烈影响,使得基本机动能力的保障不再是一个只关系到极小群体的利益问题,交通公平问题也将成为未来交通发展的关键议题。另一方面,公共交通系统是保障基本机动能力的关键途径,但支撑弱势交通群体的出行需求也将面临巨大的财政挑战。在此背景下,本书探讨了中国社会弱势交通群体的社会化交通需求规模以及相应的中央公交财政资助额度,同时,提出了促进全国公交财政分布公平性提升的中央公交财政资助分配方法。

3.5 基于慢行交通分析区的慢行交通规划

慢行交通系统是城市交通系统的重要组成部分,一般由步行、自行车、电动助力车这三类交通方式构成。慢行交通不仅可以独立作为一种出行方式,而且能有效衔接其他各种交通方式,是最基本的大众化的绿色交通方式。

慢行交通规划主要包括战略规划、综合网络规划和专项设施规划三部分内容。慢行交通规划重在确定慢行交通发展的目标,及达成这些目标的策略、依据和方案。

3.5.1 慢行交通发展目标

慢行交通与城市经济发展水平、机动化水平、城市规模和土地利用情况有关,通过居民出行结构中慢行交通的比例分析国内主要城市慢行交通现状,并结合城市经济发展水平对国内城市进行分类,确定不同类型城市慢行交通地位和发展方向。

基于居民出行结构数据和城市分级(表3-9),我国的慢行发展状况可分为四大类,分别是慢行交通缺失的小城市、非机动车导向的中小城市、步行导向的中小城市、各类交通均衡发展的城市。其中,慢行交通缺失的小城市步行、非机动车出行比例均较低;非机动车导向的中小城市步行出行比例较低、非机动车出行比例适中或较高,或步行出行比例适中、非机动车出行比例较高;步行导向的中小城市步行比例较高、非机动车出行比例较低或适中;各类交通均衡发展城市步行出行比例适中、非机动车出行比例较低,或步行、非机动车出行比例均适中,以大中型城市为主。

各城市慢行结构特征分析　　　　　　　　　　表 3-9

步行出行比例	非机动车出行比例		
	低(0%~20%)	中(20%~40%)	高(40%~60%)
低(0%~20%)	五线城市(7)	三线城市(4) 五线城市(6)	二线城市(1) 五线城市(6)
中(20%~40%)	一线城市(6) 二线城市(5) 三线城市(2) 四线城市(2) 五线城市(11)	一线城市(5) 二线城市(4) 三线城市(10) 四线城市(2) 五线城市(6)	— 二线城市(4) 三线城市(5) 四线城市(4) 五线城市(9)
高(40%~60%)	二线城市(3) 三线城市(8) 四线城市(3) 五线城市(9)	— 四线城市(1) 五线城市(6) —	— — — —

注：城市级别后括号内的数字代表此次统计分析中对应分组内城市的数量。居民出行结构数据由作者收集整理，城市分级参考《第一财经周刊》发起的 2013 年城市排名。

北京、上海、广州、深圳等特大城市的出行结构较稳定，在慢行交通系统规划中应注重改善慢行交通出行环境，增强慢行交通与其他交通方式，特别是与公共交通方式的有效衔接。在城镇化和机动化过程中，二线城市、三线城市、四线城市、五线城市的出行结构将会有较大的变化，应通过划分慢行交通分析区，保护慢行重点区域，合理引导城市交通发展，避免过度机动化，使慢行交通出行比例维持在合理的范围内，规划中应注重慢行交通环境的改善，增强与公共交通的衔接。上述 8 类城市的慢行交通发展战略见表 3-10。

各类城市慢行发展战略　　　　　　　　　　表 3-10

步行出行比例	非机动车出行比例		
	低(0%~20%)	中(20%~40%)	高(40%~60%)
低(0%~20%)	改善慢行出行环境，大力提高慢行出行比例	改善步行出行环境，提高步行出行比例，增强慢行交通与其他交通方式的有效衔接	改善慢行出行环境，提高步行出行比例，控制非机动车，特别是电动助力车的数量
中(20%~40%)	改善慢行出行环境，增强慢行交通与其他交通方式的有效衔接	提升慢行出行品质，增强慢行交通与其他交通方式的有效衔接	改善慢行出行环境，控制非机动车，特别是电动助力车的数量，推广公共自行车系统
高(40%~60%)	提升慢行出行品质	提升慢行出行品质，推广公共自行车系统	—

3.5.2 慢行交通规划基础——慢行交通分析区

近年来，上海、杭州、北京、深圳等城市相继出台了慢行交通规划，主要是基于土地利用类型和功能划分慢行重点区域。在相关学者研究的基础上，住房和城乡建设部2013年印发《城市步行和自行车交通系统规划设计导则》，提出了分区分级的步行和自行车规划设计方法。类似于在城市交通规划中引入交通小区的做法，作者将慢行交通规划单元定义为慢行交通分析区。

1) 慢行交通分析区定义

慢行交通分析区是具有一定慢行关联度和慢行相似度的慢行单元及其影响范围的集合，大多数慢行活动在区内完成，且慢行交通分析区内慢行交通流量的时空特性与周围区域有明显的不同。

慢行交通分析区的基本要素包括慢行交通强度、慢行规模和边界，此外，慢行交通分析区具有一定的等级体系。

2) 慢行交通分析区的特征

按照慢行交通强度指标，慢行分析区一般可以分为五个等级，等级从高到低依次是：一级慢行分析区、二级慢行分析区、三级慢行分析区、四级慢行分析区和五级慢行分析区。

3) 慢行交通分析区土地利用分布特征

各等级慢行交通分析区慢行活动强度各不相同，对应区域的土地利用性质也各有差异，借鉴已有研究，概括各等级慢行分析区的土地利用及分布特征，见表3-11。

慢行分析区土地利用及分布特征　　表3-11

慢行分析区等级	土地利用及分布特征
一级	主要分布于城市中心区、重要公共设施周边、主要交通枢纽、公园景区等区域
二级	主要分布于城市副中心、中等规模公共设施周边等区域
三级	主要分布于城市近郊区、大型交通枢纽、产业园区等区域
四级	主要分布于城市大型交通枢纽、工业园区等区域
五级	主要分布于城市远郊区、大型交通枢纽、工业园区等区域

4）慢行交通分析区的特征

慢行交通分析区是基于慢行交通出行特性、慢行吸引点类型及权重，建立慢行交通强度模型，利用 ArcGIS 分析，将研究最小单元的慢行强度定量化；利用慢行单元的强度，划分慢行分析区，确定慢行分析区的边界和规模。具体流程如下：

首先，结合确定各类城市慢行衰减率和慢行吸引点类型及权重：根据各个城市的居民出行调查数据，分析步行、非机动车的时空衰减率；借鉴国内外已有研究，参照相关规划中各类公共服务设施的服务半径，结合居民出行调查数据中不同出行目的和不同到发地性质的慢行出行量，确定慢行吸引点的类型和权重。

其次，建立慢行交通强度模型：基于 ArcGIS 将研究范围离散化，将研究范围转换为面积相同的正方形渔网组成的面，搜索每个渔网中心点在不同区间范围内的慢行吸引点，渔网点的慢行强度值为该渔网点在不同搜索范围内慢行吸引点权重乘以对应的衰减率的累加值；利用交叉口密度和非机动车停车设施修正慢行强度模型，利用 MATLAB 编程求解得每个渔网点慢行强度值，并将其赋值给对应的渔网面。

然后，以慢行障碍和区内慢行出行比例为约束条件，确定慢行分析区的边界和规模：其中，按照河流、铁路、主干路、次干路、支路等障碍对慢行交通的分隔性，将上述要素分为三类，分别是强障碍、中等障碍和弱障碍，以慢行障碍为边界，将研究范围细分为不同的慢行单元，基于 ArcGIS 空间连接命令，将渔网的慢行强度值赋值给慢行单元；同时，以区内慢行出行比例为 60%~80% 作为约束条件建立模型，得到不同距离范围内步行和非机动车的区内出行概率，并结合案例城市步行、非机动车出行量随距离的分布规律，确定步行、非机动车分析区的规模。

最后，结合慢行单元强度、规模和慢行分析区划分原则，合并慢行单元，得到慢行交通分析区。

3.5.3 慢行交通规划方法

由于步行、非机动车的出行特征（年龄特征、出行距离、出行目的等）不同，步行、非机动车对应慢行吸引点权重也不同，因此，步行、非机动车分析区规模、属性不同，下文分别讨论步行分析区、非机动车分析区的规划标准。

1）规划目标

慢行交通是城市交通的重要组成部分，是城市交通系统高效有序运转的基础。本书基于慢行交通分析区提出不同等级慢行交通分析区规划标准，见表3-12和表3-13。

步行分析区规划设计目标　　　　　　　　　　　　　　　表3-12

步行分析区等级	发展定位	规划设计目标
一级	核心区	步行通道空间宽阔、连续性好，慢行信息系统完善，环境舒适、植被覆盖率高，行人过街设施完善
二级	重点区	步行通道连续性较好，慢行信息系统较完善，慢行环境较舒适，行人过街设施较完善
三级	一般区	步行通道连续性好，有一定慢行信息系统，行人过街设施较完善
四级	一般区	有一定步行通道、行人过街设施
五级	一般区	有一定步行通道

非机动车分析区规划设计目标　　　　　　　　　　　　　表3-13

非机动车分析区等级	发展定位	规划设计目标
一级	核心区	非机动车通道空间宽阔、连续性好，实现机非物理隔离，非机动车停车设施布局合理，慢行信息系统完善，环境舒适，植被覆盖率高，过街设施完善
二级	重点区	非机动车通道连续性较好，实现机非物理隔离，非机动车停车设施布局合理，慢行信息系统较完善，过街设施较完善
三级	一般区	非机动通道连续性较好，实现机非隔离，过街设施较完善
四级	一般区	有一定非机动车通道，部分实现机非隔离
五级	一般区	有一定非机动车通道

2）慢行网络规划标准

不同等级步行、非机动车分析区中的步行、非机动车道密度和间距应满足一定要求，本书借鉴已有研究推荐不同等级步行、非机动车分析区路网密度指标，见表3-14和表3-15。

步行分析区推荐指标　　　　　　　　　　表 3-14

步行分析区等级	路网密度（km/km²）	路网平均间距（m）
一级	14~20	100~150
二级	10~14	150~200
三级	6~10	200~350
四级	4~6	350~500
五级	<4	>500

非机动车分析区推荐指标　　　　　　　　表 3-15

非机动车分析区等级	路网密度（km/km²）	路网平均间距（m）
一级	12~18	110~170
二级	8~12	170~250
三级	5~8	250~400
四级	3~5	400~600
五级	<3	>600

3）慢行空间设计

（1）慢行通道宽度。

人行道指路侧带中专供行人通行的部分，也称步行通行区或步行通行带，其宽度为步行道的有效宽度。本书基于前述对步行分析区的研究，结合已有资料推荐各等级步行分析区内人行道宽度指标，见表 3-16。

步行分析区通道宽度　　　　　　　　　　表 3-16

| 等级 | 人行道有效宽度（m） | |
	推荐值	最小值
一级	5	3.5
二级	4	3.5
三级	3	2.5
四级	2	1.5
五级	2	1.5

非机动车道一般布局在机动车道两侧。本书基于前述对非机动车交通分析区的研究，结合已有资料推荐各等级非机动车分析区内非机动车道有效宽度指标，见表 3-17。

非机动车分析区通道宽度 表3-17

等级	非机动车道有效宽度(m)	
	推荐值	最小值
一级	4	3.5
二级	3.5	3
三级	3	2.5
四级	2.5	2.5
五级	2.5	2.5

（2）隔离设施。

步行通道的隔离设施指在人行道和非机动车道之间设置的，可以有效分离行人流和非机动车流，从而为行人提供安全舒适的步行环境的设施。步行通道的隔离设施包括绿化带、栏杆、高差隔离三类，分隔性依次减弱。步行分析区隔离设施根据实际情况，在条件允许的情况下应尽可能选择隔离度高的设施。

非机动车通道隔离设施指在非机动车道和机动车道之间设置的，可以有效分离非机动车流和机动车流的设施。非机动车通道的隔离设施包括绿化带、栏杆、标线，分隔性依次减弱，其中绿化带和栏杆属于物理隔离。本书基于前述对慢行分析区的研究，推荐各等级非机动车分析区内隔离设施指标，见表3-18。

非机动车分析区隔离设施形式 表3-18

非机动车分析区等级	机非隔离设施形式
一级	物理隔离
二级	物理隔离
三级	主干路、次干路应采用物理隔离，支路宜采用标线隔离
四级	标线隔离
五级	标线隔离

（3）过街设施间距。

通过考虑交叉口密度、过街设施间距对慢行交通活动的影响，推荐步行分析区过街设施间距见表3-19。非机动车分析区过街设施间距可参考步行分析区过街设施间距，过街设施间距指标可适当放大。

过街设施间距 表3-19

步行分析区等级	过街设施间距(m)
一级	<150
二级	150~250
三级	200~300
四级	200~400
五级	300~500

4）慢行环境设计

（1）路面铺装。

慢行通道的铺装应平整，并保证排水坡度。人行道应采用透水性好、舒适、耐久的材料。非机动车道铺装可采用彩色路面和普通路面（混凝土路面、沥青路面），彩色路面有助于明确骑行者的路权，提高安全性。本书基于前述对步行、非机动车分析区的研究，结合已有资料推荐铺装标准，见表3-20和表3-21。

步行分析区路面铺装标准　　表3-20

步行分析区等级	铺装设计标准
一级	应采用天然石材或透水面砖铺装；在行人决策点处，应变换铺装材质、色彩或铺排方式；高差变化时应采用缓坡
二级	应采用混凝土彩砖铺装或条纹步道石铺装；在行人决策点处，可变换铺装材质、色彩或铺排方式；高差变化时可采用缓坡
三级	可采用混凝土彩砖铺装，高差变化时宜采用缓坡
四级	可采用混凝土彩砖铺装，或混凝土铺装
五级	可采用混凝土铺装

非机动车分析区路面铺装标准　　表3-21

非机动车分析区等级	铺装设计标准
一级	应采用彩色路面
二级	可采用彩色路面
三级	彩色路面或普通路面
四级	普通路面
五级	普通路面

（2）绿化景观。

绿化景观指道路上为行车及行人遮阳并美化环境而种植的绿色植物，根据植物的种类可以分为乔木、灌木和草地。本书基于前述对慢行分析区的研究，借鉴已有资料推荐绿化景观设计标准，见表3-22。

慢行分析区绿化景观设计标准　　表3-22

慢行分析区等级	绿化景观设计标准
一级	应布局乔木类、灌木类等植物，考虑休憩需要，营造较多的林下空间，绿化覆盖率不低于60%
二级	可布局乔木类、灌木类等植物，绿化覆盖率不低于50%

续上表

慢行分析区等级	绿化景观设计标准
三级	宜布局乔木类、灌木类等植物
四级	宜布局乔木类、灌木类等植物
五级	宜布局乔木类、灌木类等植物

注：本书的绿化覆盖率指人行道(非机动车道)绿化植物的垂直投影面积占人行道(非机动车道)总面积的比值。

(3) 慢行交通信息系统。

慢行交通信息系统是慢行交通规划中的重要内容，可为不同出行目的的慢行出行者提供必需的信息，包括街道名称、位置、方向，公共交通位置及线路信息，商圈信息，公园分布以及其他服务信息。各等级慢行分析区慢行信息系统设计标准见表3-23。

慢行分析区信息系统设计标准　　　　　　　　　　　　　表3-23

慢行分析区等级	慢行信息系统设计标准
一级	慢行信息系统设计风格统一，易于识别，位置布局合理，慢行信息连续性好，各类标志信息协调性高；在街道、交叉口、公交枢纽、商圈周边需要设置慢行标志
二级	慢行信息系统易于识别，位置布局合理，慢行信息连续性较好，各类标志信息协调性高；在街道、交叉口、公交枢纽、大型商圈周边需要设置慢行标志
三级	慢行信息系统位置布局合理，慢行信息连续性较好；在大型公交枢纽周边需要设置慢行标志
四级	慢行信息系统位置布局合理；在道路、交叉口需要设置慢行标志
五级	慢行信息系统位置布局合理；在道路、交叉口需要设置慢行标志

(4) 街道家具。

街道家具指布设于路侧带中的护栏、灯柱、标志牌、座椅、自行车停车设施、公交站台等公共服务设施。本书主要分析步行分析区街道家具设计推荐指标，见表3-24。

步行分析区街道家具设计推荐指标　　　　　　　　　　　表3-24

步行分析区等级	街道家具设计标准
一级	风格统一，与周边环境协调，易于识别，行人休息区布局合理，无障碍设施完善
二级	风格统一，有行人休息区，无障碍设施较完善
三级	有行人休息区，无障碍设施较完善
四级	无障碍设施较完善
五级	无障碍设施较完善

5）非机动车停车设施布局标准

规范非机动车停车有助于提升慢行交通环境,增加慢行交通出行量。借鉴温州市公共自行车租赁点分布密度与使用频率关系,本书推荐的非机动车停车设施密度指标见表3-25。

非机动车设施密度推荐表　　　　表3-25

非机动车分析区等级	非机动车停车设施密度（个/km²）
一级	>9
二级	5~9
三级	<5
四级	<5
五级	<5

此外,在公共交通枢纽周边应设置非机动车停车设施,在非机动车出行需求较大的车站周边,应划定专门用地设置自行车停车场。

第 4 章
CHAPTER 4

低碳导向的货运网络规划设计与决策方法

4.1 研究背景、现状与意义

4.1.1 研究背景

1）电子商务、网络购物发展迅猛，并推动快递服务业进入了高速发展期

根据中国互联网络信息中心发布的《第 50 次中国互联网络发展状况统计报告》，截至 2022 年 6 月，我国网民规模为 10.51 亿人，较 2021 年 12 月新增网民 1919 万人，互联网普及率达 74.4%，较 2021 年 12 月提升 1.4 个百分点。截至 2022 年 6 月，我国网络购物用户规模达到 8.4 亿人，较 2014 年底增加近 4.78 亿人。前瞻经济学人（Economist Intelligence Unit，EIU）发布报告显示，2022 年中国网络购物市场交易规模达到 117601 亿元，较 2012 年增长近 8 倍，占社会消费品零售总额的 25.83%；预计到 2026 年中国网络购物市场交易规模将超过 218036 亿元。

电子商务、网络购物的蓬勃发展进一步促进了对快递服务需求量的快速增长。我国快递服务业已进入高速发展期。国家邮政局的统计数据显示，2010—2020 年中国快递业的业务量增长了 34.6 倍，到 2022 年快递业务量已连续 9 年稳居世界首位，占全球 6 成以上。前瞻产业研究院估计，2022—2026 年，我国快递产业业务收入将以 10% 左右的年均增长率不断增长，到 2026 年突破 15000 亿元。

在企业界，2009 年 11 月，国内首家民营快递航空公司顺丰航空有限公司成立；2010 年 5 月，UPS 将其位于菲律宾克拉克的亚太转运中心正式迁至中国深圳，这是国际快递巨头看好中国市场的一个风向标；2010 年 7 月，中国邮政速递物流股份有限公司在北京揭牌；2012 年 2 月，持有 EMS 品牌的中国邮政速递物流公司启动上市程序；2012 年 9 月，FedEx 和 UPS 两大国际快递巨头获得了经营我国快递业务的牌照，外资快递企业开始抢占我国快递市场；2013 年 5 月，阿里巴巴集团宣布建立中国智能骨干物流网，前期投资达 3000 亿元；2020 年，全国规模以上快递企业累计完成业务量高达 833.58 亿件。从这些事件可以看出，当前，快递企业正在我国市场上紧张有序地布局谋篇，力争在这一具有蓬勃发展前景的市场抢占有利的竞争地位。

2）低碳、环保、可持续的发展模式正在成为全世界、全社会的共识，减排正在由国家、社会的宏观规划层面向企业的微观运营层面落实

2003年3月，英国政府在能源白皮书《我们能源的未来：创建低碳经济》(*Our Energy Future：Creating a Low Carbon Economy*)中首次明确提出了"低碳经济"的概念。在全球变暖的大背景下，低碳经济受到全球各国的普遍关注。

在低碳经济发展环境下，包括快递行业在内的物流产业占有特殊的地位。以交通运输业为例：相关数据显示，2011年我国交通运输邮政业共消费能源26068万t标准煤，占全社会能源消耗量的8.02%，碳排放量约占全国总排放量的8%。可见，物流活动既是能源消耗大户，也是碳排放大户。对于降低能源消耗、减少碳排放量而言，物流低碳化就成为一个必然选择。

现阶段，我国政府的低碳发展探索主要集中在制度减排、结构减排等宏观层面，针对企业下达温室气体减排任务和目标的方式尚处在起步研究阶段。但是很显然，减排目标不可能离开企业的节能减排行动而得以实现。由此可以断言，节能减排压力将很快分解到行业，进而落实到企业的经营活动中；另一方面，当前企业运营的大环境正在向低碳发展模式规模化转变，节能减排与低碳化既是重大挑战又是战略机遇，应对气候变化挑战、抓住低碳发展机遇，是每个国家的企业都应关注的战略问题。

实际上，很多先知先觉的业界领先企业已经走上践行自身的低碳发展之路，全球快递巨头DHL公司就是一个典型代表：作为物流行业低碳化运营的标杆企业，DHL在碳减排方面提出了到2020年较2007年减少30%的碳排放量的承诺。据其公布，通过推行包含优化网络、重构航空机队以及碳中和服务等措施的GoGreen运输模式，DHL已于2010年提前达到了预计2012年完成减排10%的中期目标。因此，中国企业无疑需要把低碳发展作为企业发展的一个重要方面。中国政府坚定的节能减排政策，以及当前的国内、国际经济大环境，给中国企业走上低碳发展之路提供了难得的机遇。

在这样的形势下，对于我国快递与物流企业而言，着眼于未来、着眼于推动自身向低碳化发展模式的快速转型，积极扩张并前瞻性地规划自身的低碳化、高效运营的服务网络，以在市场竞争中取得先机，是一个重大而迫切的战略任务。同时，网络规划是企业的一项长期的战略性决策，对于企业的运营效率、竞争力乃至最终的盈利能力具有决定性的影响，并牵涉到巨大的成本投入，而网络一旦建设完成，将需要运作较长时间，其间如需做任何调整将对企业的运行产生很大的影响。因此，网络规划是一项需要慎重、严谨和科学决策的课题。低碳化、节能减排任务的落实，可以归纳为三大类型：

(1) 结构减排——经济、产业结构调整,由国家在宏观层面规划、实施;

(2) 技术减排——由国家通过政策、机制设计来引导、激励微观层面的企业、社会机构采用更先进的技术、设备来降低能源消耗与碳排放;

(3) 运营减排——由国家通过政策、机制设计来引导、激励微观层面的企业改变企业管理体制、运营模式来降低能源消耗与碳排放。

本书从第三个层次展开研究,考虑如何恰当地规划、设计快递网络来降低碳排放。

4.1.2 国内外研究现状

物流网络规划一直是运营管理领域的一个重要研究对象,现阶段人们关注的主要研究热点问题有:①具有混合网络结构的网络规划问题;②具有网络建设固定成本的网络规划问题;③运输费用有折扣率的网络规划问题;④物流中心(hub)处理能力有限的网络规划问题;⑤大规模网络规划问题的求解算法设计;⑥从运输与低碳相结合的角度进行的研究。其中问题①、②和⑥与本书关系紧密。

在网络低碳化设计相关研究领域,碳减排研究还多集中在宏观政策方面,分析产业结构、技术创新、清洁机制、建筑设计等减排途径的价值及其实施方式。与企业节能减排相关的研究已经开始关注企业物流层面的碳排放问题,主要从政府和市场层面定性分析促进企业低碳减排的政策激励与市场机制,如碳税、碳排放配额、碳排放权交易、经济补贴、市场监管方式和法律体系等,但直接针对物流网络规划领域展开的研究还不多见,同时将运输、选址、库存等问题与碳减排问题融合的研究也正在起步。其中,Liao 采用基于活动的碳排放量建模方法研究了公路运输网络与公路-海运多式联运网络两者碳排放量的差异,发现后者更有优势。Chaabane 基于混合整数规划模型研究了碳排放对可持续供应链网络设计的影响,研究表明有效的碳排放管理策略可以帮助决策者实现成本和环境绩效的双重优化。Wang 针对供应链网络设计问题构建了总成本和环境成本的多目标函数,进而根据减排强度确定设施选址与运输方式选择结果。Giarola 进行了类似的综合建模研究。Kim 分析了物流网络中运输成本和碳排放量之间的关联,采用多目标优化方法分析了运输成本和碳排放量的不同权重对网络中货流分担率与路径选择的影响。Yang 以加利福尼亚州为例,分析了轻型货车、重型货车、飞机、火车、船舶、越野车等类型运输工具在实现减少温室气体排放目标方面的潜力。Hua 在 EOQ 模型(经济订货批量模型)中加入碳排放考虑,分析了碳排放对库存决策的影响。国内,崔娥英在传统的物流网络设施选址问题的基础上,结合环境因素,建立了单目标的绿色物流网络模型。廖伟根据销售物流网络的现状，提出了经销售点和不经销售点两种销售物流模式，并综合考虑成本和环境的双重影响，分别建立了碳排放管理条件下的低碳销售物流网络优化设计模型。何其超分析了低碳经济对销售物流网络规划的影响，提出了以网络总物流成本最小和网络碳排放总量最少为目标的多目标物流网络规划模型，采用模糊规划方法将多目标规划模型转换为单目标规划模型，设计了基于遗传算法的求解算法对规划模型和求解算法进行了仿真验证。戢守峰研究了考虑碳配额差值对选址-路径-库存集成问题的影响，并比较详细地给出了碳排放计算公式。杨雨薇在碳税和碳排放管理条件下构建了物流配送中心选址模型。杨涛将服务水平和碳排量通过函数转化为经济成本，以总成本最低为优化目标分析了物流网络规划问题。

4.1.3 研究意义

在低碳经济时代，碳排放约束将是一个物流行业与企业必须面对并认真对待的课题，而这一约束进一步加剧了货运物流网络规划的复杂性和困难。以碳排放配额与碳排放管理情境下我国快递货运网络规划问题为研究对象，进行低碳约束背景下的相应研究，其成果对于进一步拓展网络规划问题的研究深度、促进物流网络规划理论与方法的丰富和深入发展具有重要的科学意义与理论价值，对于我国相关物流企业设计高竞争力、高运营效率、低碳排放量和低运营成本的物流网络具有十分重要的实际意义。

4.2 快递网络规划设计与决策方法现状分析

4.2.1 基于行业经验的企业传统决策模式

通过实地调研，在 C 公司网络规划项目进行过程中发现：在企业决策过程中，管理者更多地依靠经验和认知，即根据自己对行业宏观状态的把握来进行决策。考虑到事实上在我国各大物流企业的发展过程中，管理者通常并不具备丰富的优化决策理论知识，但是其企业依然发展迅速，因此，针对这一决策模式，通过对案例研究对象企业的有关决策者进行访谈，以探寻这一类实践决策模式的内涵。研究发现，在中国快递企业管理层的传统决策模式有以下特点。

1）对行政区划有着天然的认同

决策者通常是在国家关于地级市、自治区、省等行政区划概念以及国家有关部门的区域发展规划的概念背景下分析问题的，往往不考虑快递网络的区域划分、节点选择打破行政区划。

2）决策经历主要产生于市场拓展扩张的动态过程

决策者比较缺乏对整个网络进行规划的实践经验，所面对的网络规划决策问题通常产生于公司经营范围、市场和网络不断扩张的过程中，要决策的主要问题通常可以归纳为：对是否要在某个（或某些）潜在的新市场扩展业务进行可行性分析，如果需要的话，则预测其市场规模，并决定相应地建立一个多大规模的处理中心。

3）决策内容序贯化过程

上述决策过程无疑将深刻影响决策者们对网络规划问题的把握，访谈也验证了这一点。高管们通常都知道关于快递网络规划的基本内容，但是，关于如何解决这些问题，首先，他们高度一致地认为，快递网络规划首先要做的事情就是确定全国视角下的一级枢纽（或者说全国中心）。不过他们选择的依据各异：四大直辖市当然是必选的中心，有人将各级省会城市作为候选点，也有人按经济发展水平或城市快递业务量大小遴选，等等。其次，根据国家经济发展规划和交通运输规划有关部门的规划结果，对全国的快递市场进行区域划分，例如通常分为长三角区域、珠三角区域、环渤海区域、东北区域、西北区域、西南区域、中原区域等。再次，在每一个区域内，采用类似的遴选方法选定区域中心，以此类推。最后，任意一个非节点城市的快件如何流动（与节点的连接分配关系），取决于这个城市的业务部门认为哪种流动方式（选择哪个网络枢纽节点城市、哪种运输方式等）能使得本部门的效益最优。

值得强调的是，在这一过程中，各个阶段的决策是有明确的先后顺序的、分割隔离的，换言之，决策内容呈现了显著的序贯化，而缺乏全面的联动。

4）基于行业经验的决策是其基本特征

在以上分析的基础上，我们可以看到，在实践中，这一类企业的传统决策模式事实上是基于行业经验的，其决策流程和逻辑是：基于行业经验给出判定准则，进而构建判定规则体系，最后做出最终决策。从决策的方法论上分析，该决策思路的基础是决策者的行业经验与认知,包含3个部分(图4-1),即:决策者对企业内部的认知,主要体现在对企业发展战略的把握;对企业外部环境的认知,主要体现在对行业环境、行业竞争与发展态势等外部因素的认知;决策者自身的心理与行为习惯等决策偏好因素。这基本上是一个基于对经历进行统计分析、形成对统计规律认知的过程。在此基础上,决策者的实际决策方式是进而对实际问题进行分析,形成符合实际情况并具有现实可行性的规则体系(即用于判断和评价的标准、原则与规则等),最后在其指导下经过评价和判断得到最终解决方案。换言之,这一决策逻辑实质上从一开始就没有建立追求全局最优的目标,因此,这实质上是一个启发式的决策方法,追求的是让决策者感到满意的解决方案,并且具有良好的现实可行性。

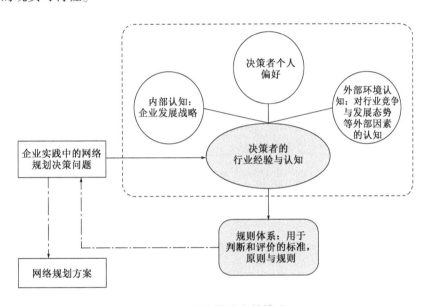

图 4-1 企业传统决策模式

4.2.2 基于运筹学(OR)方法的数学规划决策模式

基于 OR 方法的基本决策思路可以清晰地描述如下:

(1)明确实际问题,或者说划定实际问题的边界:为了问题能够被恰当的数学模型清晰地描述,需要说明(或者说假设)考虑哪些因素和条件,不考虑哪些。

(2)明确实际问题的决策目标 Y:从根本上说,企业决策的目标往往是最大化利润或者最小化成本。

(3)寻找到可以影响该目标的决策变量 $X=(X_1,X_2,\cdots,X_k)$:决策变量应该与利润或者成本目标有明确的可度量的数量关系 $Y=f(X)$,同时又是企业决策者可以控制的。

(4)明确决策变量在实践中将受到的约束和限制($X \in D$);例如上述模型中总的 hub 数为 P,这意味着 $\sum_{j \in M} x_j = P$。至此,得到了实际决策问题的数学规划模型:

$$\min/\max Y = f(X)$$
$$\text{s.t. } X \in D \tag{4-1}$$

(5)求解上述数学规划模型,得到解决方案 $X^* = (X_1^*, X_2^*, \cdots, X_k^*)$。

4.2.3 对比与分析

在对 C 公司的研究中发现:就一级枢纽的设置与数量而言,两种决策方式所得出的结论具有很大的相似性。但是由于这两种决策模式在决策逻辑(或者说决策的指导思想)上存在着本质的差别,所以就网络规划的整体结论而言,其差异是明显的。通过进一步分析,我们发现,这两种方法存在比较明显的优点和缺点。

就传统企业决策模式而言,我们通过关于这一模式下的规划的调研发现,其最大缺陷在于科学决策逻辑的缺失。由于其决策逻辑是基于统计经验的,因此,决策者往往空具数十年的行业经验却无法回答"为什么选七个枢纽而不是更多或者更少"等类似的问题,而在回答"为什么选择北京、上海等城市做枢纽"时,依据的还是统计经验,无法让人完全信服。而这两类问题是网络规划中无法回避的核心问题。当然,这一决策模式的优点在于,决策的结果综合了决策者的全部行业经验和对市场的把握,换言之,决策的评价目标不仅是成本,还是包含扩张市场、提高竞争力等目标在内的多目标综合,虽然这个综合过程不一定是理性的、可量化描述的。因此,从总体上说,我们认为,企业传统决策模式的优点在于能够将决策者的经验自然地融入决策过程,而缺点则是缺少科学的决策逻辑。

基于 OR 方法的数学规划决策模式则相反,它具有非常清晰和严格的决策逻辑结构和方法论指导:它追求的是网络规划总成本最小化目标,决策的手段是枢纽的选址与枢纽管辖范围划分的联动,采用的方法是数学规划方法,通过构建相应决策的数学模型和求解算法来求得最终结果。因此,在该决策模式下的结论在科学性上具有明显优势。但是,OR 方法下的决策模式同样存在着显著的缺陷:缺乏战略层的视野,没有着眼市场、营销、竞争力因素,不考虑网络结构对企业管理控制难度的影响,同时,没有考虑决策者的经验以及很多无法量化的影响因素,例如在选址中政府部门对企业的支持力度、候选城市的竞争力乃至交通条件、气候因素等。这些缺陷使得该决策模式下结论的现实可行性会受到一定的质疑。

通过以上分析,我们认为,为了获得一个科学的、同时又具有现实可行性的网络规划决策结果,必须在中国情境下将这两种决策模式进行综合考量,提出新的网络规划决策方法。

4.3 低碳情景下快递网络碳排放计量与规划决策分析

4.3.1 我国快递网络碳排放计量

1) 计算思路与问卷调查

通过深入调研、分析我国快递业务运作过程的典型组成环节,构建快递业务运营的碳排放计算模型。快递网络中的碳排放主要发生在两个环节:线路运输与分拣中心运作。因此,首先应分析运输与分拣环节的能源消耗情况。为此,本书设计了一个关于物流能源消耗的问卷,通过与典型企业[赛诚、马士基、中国邮政速递物流公司与各省(区、市)分公司、宝钢运输部、云南红河集团运输部、宁波国际物流公司、上海市普陀区重点物流企业等]进行访谈和网络在线调查相结合的方式,对以下两类问题进行了调查,见表4-1和表4-2。

运输环节能源消耗调查问卷示例 表4-1

车型名称	车型A	车型B	车型C
耗油类型			
车辆数(辆)			
车辆载质量(t)			
空驶百公里油耗(L)			
满载百公里油耗(L)			
平均百公里油耗(L)			

注:1. 若有多种车型,请填有代表性的3种。
　　2. 耗油类型指汽油、柴油等。

物流中心能源消耗调查问卷示例   表 4-2

物流中心名称	物流中心 1	物流中心 2	物流中心 3
占地面积(m^2)			
物流中心员工数			
主要存放物品类型			
日均处理能力(kg)			
日均处理能力(件)			
日均耗油量(柴油)(L)			
日均耗油量(汽油)(L)			
日均耗电量(kW·h)			
日均耗水量(t)			
日均耗煤量(t)			
日均煤气消耗量(L)			
日均天然气消耗量(L)			

注：1. 此处"物流中心"指各类仓库、配送中心、物流中心等物流设施。

2. 若有多个中心，请选择 3 个有代表性的中心。

3. 煤、天然气、煤气等能源消耗若难以统计，可不填。

2）结果分析

作者开展了为期一个月的调查，开始时间为 2013 年 9 月 2 日，结束时间为 2013 年 10 月 1 日。截至 2013 年 10 月 1 日，本次调查共回收问卷 68 份，有效问卷为 62 份，其中 21 份来自物流行业，总体情况如图 4-2～图 4-4 所示。

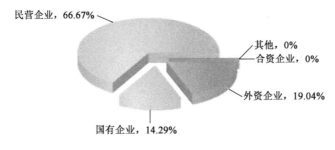

图 4-2　样本企业单位性质

图4-3 样本企业规模

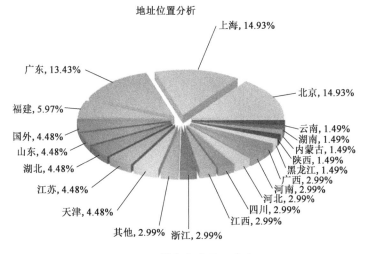

图4-4 样本企业地区分布

3）碳排放计算

根据样本计算得知，70%以上企业采用的燃料为柴油，故下面采用柴油作为模型中的燃料。

根据21家物流企业的样本数据及IPCC《国家温室气体排放清单指南》的单位能耗碳排放量数据，计算得到：

（1）支线车型（载质量<5t）运输货物平均每千克百公里耗油量为0.00383L，排放$CO_2 = 2.63 \times 0.00383 = 0.010073$kg；

（2）干线车型（5t<载质量<10t）运输货物平均每千克百公里耗油量为0.00286L，排放$CO_2 = 2.63 \times 0.00286 = 0.007522$kg。

在运输环节，有以下碳排放量基础计算公式：

$$碳排放量 = 货物运输量(kg) \times [支线运输的运距(百公里) \times 支线平均每千克百公里耗油量 + 干线运输的运距(百公里) \times 干线平均每千克百公里耗油量] \times 燃料碳排放系数 \qquad (4-2)$$

4.3.2 碳税情景下快递网络规划决策基本模型

借鉴国际上典型碳排放法规,结合我国高时效物流产业发展特征,从有利于低碳排放和资源利用的角度,模拟设计碳税情景碳排放政策约束:即根据企业的碳排放总量征收一定比例的碳税。这使得碳排放放量成为企业的附加成本。建立基本数学规划模型 A 如下:

$$\min F_1 + F_2 + F_3 + F_4 + re_1 + re_2 + re_3 \tag{4-3}$$

$$\text{s.t.} \begin{cases} \sum_{h \in H} x_{ih} = 1, & i \in N & \text{//任一节点仅由一个 hub 管辖} \\ x_{ih} \leq x_{hh} (\forall i \in N), & h \in H & \text{//非 hub 节点不能管辖任何节点} \\ \sum_{h \in H} x_{hh} = K & & \text{//共有 } K \text{ 个 hub} \\ \max_{i \in N} \{d_{ih} x_{ih}\} \leq D_1, & h \in H & \text{//hub 最大覆盖半径为} D_1 \\ \sum_{h_o, h_d \in H} d_{h_o h_d}^{(t)} x_{ih_o} x_{jh_d} \geq D_2, & i, j \in N & \text{//hub 之间距离应不小于} D_2 \\ x_{ih} = \{0,1\}, & i \in N, h \in H \end{cases}$$

模型 A 中的有关符号含义如下。

(1) 目标函数:

$F_1 = \sum_{i \in N} \sum_{j \in N} \left[c_0 (w_{ij}^{(1)} + w_{ij}^{(2)}) \left(\sum_{o \in H} d_{io}^{(0)} x_{io} + \sum_{o \in H} d_{je}^{(0)} x_{je} \right) \right]$:hub 与非 hub 节点之间的公路运输费用。

$F_2 = \sum_{i \in N} \sum_{j \in N} \sum_{o \in H} \sum_{e \in H} (c_t d_{oe}^{(t)} w_{ij}^{(1)} + c_a d_{oe}^{(a)} w_{ij}^{(2)}) x_{io} x_{je}$:hub 之间的短时限产品的航空运费与长时限产品的铁路运费。

$F_3 = \frac{1}{m} \sum_{h \in H} C \left[\sum_{i \in N} \sum_{j \in N} (q_{ij}^{(1)} + q_{ij}^{(2)}) x_{ih} \right] x_{hh}$:hub 的建设总成本,按年分摊。

$F_4 = \sum_{h \in H} O \left[\sum_{i \in N} \sum_{j \in N} (q_{ij}^{(1)} + q_{ij}^{(2)}) x_{ih} \right] x_{hh}$:hub 的年运营总成本。

$e_1 = \sum_{i \in N} \sum_{j \in N} \left[\frac{\varepsilon \gamma}{100} \left(\sum_{o \in H} d_{io}^{(0)} x_{io} + \sum_{e \in H} d_{je}^{(0)} x_{je} \right) \right]$:hub 与非 hub 节点之间的公路运输碳排放量。

$e_2 = \sum_{i,j \in N} \sum_{h_o, h_d \in H} \left[E_t(w_{ij}^{(1)}, d_{h_o h_d}^{(t)}) + E_a(w_{ij}^{(2)}, d_{h_o h_d}^{(a)}) \right] x_{ih_o} x_{jh_d}$:在 hub 之间,短时限的航空运输碳排放量与长时限产品的铁路运输碳排放量。

$e_3 = \sum_{h \in H} E_h \left[\sum_{i,j \in N} (q_{ij}^{(1)} + q_{ij}^{(2)}) x_{ih} \right] x_{hh}$:hub 运营所产生的碳排放总量。

E_t、E_a、E_h:铁路运输、航空运输、hub 运营的碳排放计算函数。

γ:公路运输的百公里耗油量。

ε:单位耗油的碳排放量。

r:碳税(元/千克碳排放量)。

(2)数据集合:

$N=\{i|i=1,2,\cdots,n\}$:当前网络中的全部城市的集合。

H:候选 hub 集合,$H\subseteq N$。

(3)决策变量:

x_{ij}:0-1 决策变量,$x_{ij}=1$ 表示城市 i 以城市 j 为其 hub,$x_{ij}=0$ 表示城市 i 不以城市 j 为其 hub,$\forall i \in N, \forall j \in H$。

(4)成本参数:

c_0:非 hub 城市之间汽车运输的单位费率。

c_t:hub 城市之间火车运输的单位费率,通常 $c_t=\delta c_0 (0<\delta<1)$。

c_a:hub 城市之间飞机运输的单位费率。

$C(q)$:建设成本函数,q 表示年快件总数。

$O(q)$:年运营成本函数,q 表示年快件总数。

注:由于揽投成本与决策无关,故被忽略。

(5)其他参数:

m:固定投资成本的回收年限。

$d_{ij}^{(k)}$:城市 i 与城市 j 之间的公路($k=0$)或者铁路($k=t$)或者飞机($k=a$)运输距离,$i,j \in N$。

S:产品类型集合,$S=2$ 表示短时限产品(如表示次晨达、次日递、隔日递产品等),$S=1$ 表示长时限产品。

$q_{ij}^{(S)}$:从城市 i 到城市 j 的 S 产品的总快件数,$i,j \in N$。

$w_{ij}^{(S)}$:从城市 i 到城市 j 的 S 产品的总重量,$i,j \in N$。

K:hub 的数量。

D_1:hub 的最大覆盖半径。

D_2:hub 之间的最小距离。

4.3.3 碳排放管理情景下快递网络规划决策基本模型

碳排放管理情景下为企业指定一个碳排放量的配额,如果企业碳排放量控制较好、低于配额量，允许其在市场上销售剩余碳排放量；如果企业碳排放总量超过了配额量，同样允许其在市场上向其他企业购买超额碳排放量。建立基本数学规划模型 B 如下：

$$\min F_1 + F_2 + F_3 + F_4 + F_5 \qquad (4\text{-}4)$$

$$\text{s.t.} \begin{cases} \sum_{h \in H} x_{ih} = 1, & i \in N & //\text{任一个节点仅由一个 hub 管辖} \\ x_{ih} \leq x_{hh}(\forall i \in N), & h \in H & //\text{非 hub 节点不能管辖任何节点} \\ \sum_{h \in H} x_{hh} = K & & //\text{共有 } K \text{ 个 hub} \\ \max_{i \in N}\{d_{ih} x_{ih}\} \leq D_1, & h \in H & //\text{hub 最大覆盖半径为} D_1 \\ \sum_{h_o, h_d \in H} d^{(t)}_{h_o h_d} x_{ih_o} x_{jh_d} \geq D_2, & i, j \in N & //\text{hub 之间距离应不小于} D_2 \\ x_{ih} = \{0,1\}, & i \in N, h \in H \end{cases}$$

模型 B 中的有关符号含义如下。

（1）目标函数：

$F_1 = \sum_{i \in N} \sum_{j \in N} \left[c_0 (w^{(1)}_{ij} + w^{(2)}_{ij}) \left(\sum_{o \in H} d^{(0)}_{io} x_{io} + \sum_{o \in H} d^{(0)}_{je} x_{je} \right) \right]$：hub 与非 hub 节点之间的公路运输费用。

$F_2 = \sum_{i \in N} \sum_{j \in N} \sum_{o \in H} \sum_{e \in H} (c_t d^{(t)}_{oe} w^{(1)}_{ij} + c_a d^{(a)}_{oe} w^{(2)}_{ij}) x_{io} x_{je}$：hub 之间的短时限产品的航空运输费用与长时限产品的铁路运输费用。

$F_3 = \frac{1}{m} \sum_{h \in H} C \left[\sum_{i \in N} \sum_{j \in N} (q^{(1)}_{ij} + q^{(2)}_{ij}) x_{ih} \right] x_{hh}$：hub 的建设总成本，按年分摊。

$F_4 = \sum_{h \in H} O \left[\sum_{i \in N} \sum_{j \in N} (q^{(1)}_{ij} + q^{(2)}_{ij}) x_{ih} \right] x_{hh}$：hub 的年运营总成本。

$F_5 = (e_1 + e_2 + e_3 - e^{**}) p_e$：购买超额碳排放指标的成本（或出售剩余碳排放额度得到的收益）。

$e_1 = \sum_{i \in N} \sum_{j \in N} \left[\frac{\varepsilon \gamma}{100} \left(\sum_{o \in H} d^{(0)}_{io} x_{io} + \sum_{e \in H} d^{(0)}_{je} x_{je} \right) \right]$：hub 与非 hub 节点之间的公路运输碳排放量。

$e_2 = \sum_{i,j \in N} \sum_{h_o, h_d \in H} \left[E_t(w^{(1)}_{ij}, d^{(t)}_{h_o h_d}) + E_a(w^{(2)}_{ij}, d^{(a)}_{h_o h_d}) \right] x_{ih_o} x_{jh_d}$：在 hub 之间，短时限的航空运输碳排放量与长时限产品的铁路运输碳排放量。

$e_3 = \sum_{h \in H} E_h \left[\sum_{i,j \in N} (q^{(1)}_{ij} + q^{(2)}_{ij}) x_{ih} \right] x_{hh}$：hub 运营所产生的碳排放总量。

E_t、E_a、E_h：铁路运输、航空运输、hub 运营的碳排放计算函数。

e^{**}：碳排放配额。

p_e:碳排放指标市场交易的单价(元/千克碳排放量)。

ε:单位耗油的碳排放量。

γ:公路运输的百公里耗油量。

(2)数据集合:

$N=\{i|i=1,2,\cdots,n\}$:当前网络的全部城市。

H:候选 hub 集合,$H\subseteq N$。

(3)决策变量:

x_{ij}:0-1 决策变量,$x_{ij}=1$ 表示城市 i 以城市 j 为其 hub,$x_{ij}=0$ 表示城市 i 不以城市 j 为其 hub,$\forall i\in N,\forall j\in H$。

(4)成本参数:

c_0:非 hub 城市之间汽车运输的单位费率。

c_t:hub 城市之间火车运输的单位费率,通常 $c_t=\delta c_0(0<\delta<1)$。

c_a:hub 城市之间飞机运输的单位费率。

$C(q)$:建设成本函数,q 表示年快件总数。

$O(q)$:年运营成本函数,q 表示年快件总数。

注:由于揽投成本与决策无关,故被忽略。

(5)其他参数:

m:固定投资成本的回收年限。

$d_{ij}^{(k)}$:城市 i 与城市 j 之间的公路($k=0$)或者铁路($k=t$)或者飞机($k=a$)运输距离,$i,j\in N$。

S:产品类型集合,$S=2$ 表示短时限产品(如表示次晨达、次日递、隔日递产品等),$S=1$ 表示长时限产品。

$q_{ij}^{(S)}$:从城市 i 到城市 j 的 S 产品的总快件数,$i,j\in N$。

$w_{ij}^{(S)}$:从城市 i 到城市 j 的 S 产品的总重量,$i,j\in N$。

K:hub 的数量。

D_1:hub 的最大覆盖半径。

D_2:hub 之间的最小距离。

4.3.4 实例分析

对于具体案例的快递网络规划决策,首先提出以下假设:

H1:在网络规划问题中,成本最小化目标与碳排放量最小化目标是一致的。

H2:碳税会影响网络结构。

H3:碳排放管理会影响网络结构。

接下来结合一个情景案例对这些假设进行分析。为对上述决策模型做进一步的分析,特采用大型快递公司在长三角地区 16 个城市的实际流量流向数据,结合 4.3.1 节的碳排放量计算公式构建实际决策模型进行数值分析。与案例有关数据见表 4-3 和表 4-4。

其他信息与数据如下所示:

(1) 运输方式:因为区域范围较小,故无论干线运输还是支线运输均由汽车公路运输。

(2) 单位运输费率 $C = 0.00065$ 元/(kg·km)。

(3) hub 之间的干线运输成本折扣率为 $\delta = 0.6$。

(4) hub 建设投资回收年限 $m = 15$ 年。

(5) hub 的年均建设成本与运营成本 $= (10000000/15 + 1200000)\sqrt{K}$,$K$ 为 hub 的数量。

(6) 运输的碳排放量:支线运输平均每千克百公里耗油量为 0.00383L,排放二氧化碳 0.010073kg;干线运输平均每千克百公里耗油量为 0.00286L,排放二氧化碳 0.007522kg。

(7) hub 运营的碳排放量:难以统一,略。

1) 建立决策模型

根据以上信息,针对案例建立快递货运网络规划模型 C 如下:

$$\min F_1 + F_2 + F_3 + re_1 + re_2 \tag{4-5}$$

$$\text{s.t.} \begin{cases} \sum_{h \in H} x_{ih} = 1, & i \in N & \text{//任一个节点仅由一个 hub 管辖} \\ x_{ih} \leq x_{hh} (\forall i \in N), & h \in H & \text{//非 hub 节点不能管辖任何节点} \\ \sum_{h \in H} x_{hh} = K & & \text{//共有 } K \text{ 个 hub} \\ x_{ih} = \{0, 1\}, & i \in N, h \in H \\ K \leq n,\text{为正整数} \end{cases}$$

模型 C 中的有关符号含义如下。

(1) 目标函数:

$F_1 = \sum_{i \in N} \sum_{j \in N} cw_{ij} \left(\sum_{o \in H} d_{io} x_{io} + \sum_{e \in H} d_{je} x_{je} \right)$;hub 与非 hub 节点之间的公路运输费用。

表 4-3 快件数据（单位：件）

城市	常州	杭州	湖州	嘉兴	南京	南通	宁波	上海	绍兴	苏州	台州	泰州	无锡	扬州	镇江	舟山
常州	0	182399	32895	63280	235373	75711	159300	620486	19333	440297	66067	24638	150562	56934	36373	331
杭州	124365	0	78428	154754	230735	61383	407340	2358092	203725	165920	295713	25176	101556	48708	41221	0
湖州	12144	102284	0	5159	22325	12677	7697	167620	3018	21557	2747	9571	13815	5688	3669	0
嘉兴	57123	182008	5157	0	43807	16087	15198	434615	3901	28417	9584	973	17311	4114	4967	0
南京	110154	126039	19633	25673	0	120096	77477	969567	22954	232056	47314	63752	182879	81278	92480	3690
南通	185675	268480	42250	90366	307461	0	248593	790482	78897	322000	101157	42879	224026	112625	82749	43420
宁波	27858	373371	6583	7206	53228	40894	0	556047	10513	70591	15433	10023	46935	11801	10063	0
上海	641801	1771994	188091	291612	1570207	617694	1182865	0	234888	2358685	437345	245488	1053944	270282	259724	91576
绍兴	15757	1053170	1692	1003	28280	17998	3627	142344	0	19388	2171	5366	8004	3092	3292	0
苏州	374907	135108	28812	48435	354139	538547	109745	3447979	28329	0	60096	32114	681544	50880	65322	1897
台州	22907	131782	3283	12209	79926	22795	25527	135500	4286	96723	0	6227	35532	7721	16250	0
泰州	17715	87234	5162	18778	70006	16591	58727	137592	19211	33363	25301	0	24500	10910	7489	6197
无锡	57350	77203	14205	26791	154444	54291	67287	315500	12819	241498	50711	8666	0	23784	22429	542
扬州	66652	297882	31939	78236	255482	52397	207936	583956	71051	196087	98451	32117	116781	0	62446	14068
镇江	35932	101080	14768	34663	249649	91172	96260	465924	26732	79093	56625	17197	55545	27230	0	13199
舟山	211	0	0	0	0	241	0	897	0	373	0	120	241	100	0	0

表 4-4 公路运输距离（单位：km）

城市	常州	杭州	湖州	嘉兴	南京	南通	宁波	上海	绍兴	苏州	台州	泰州	无锡	扬州	镇江	舟山
常州	0	208	136	172	128	153	310	181	283	96	482	97	55	111	78	384
杭州	208	0	81	89	277	248	155	178	64	160	270	313	203	292	270	230
湖州	136	81	0	100	205	196	235	150	144	94	350	228	151	220	198	310
嘉兴	172	89	100	0	294	173	149	99	122	85	321	238	128	275	241	223
南京	128	277	205	294	0	252	432	303	341	218	547	151	177	96	87	507
南通	153	248	196	173	252	0	207	129	284	105	479	128	125	170	168	380
宁波	310	155	235	149	432	207	0	221	118	230	175	383	273	420	387	85
上海	181	178	150	99	303	129	221	0	210	98	386	233	133	276	246	288
绍兴	283	64	144	122	341	284	118	210	0	196	218	349	240	355	333	192
苏州	96	160	94	85	218	105	230	98	196	0	395	160	50	197	164	296
台州	482	270	350	321	547	479	175	386	218	395	0	550	440	562	554	262
泰州	97	313	228	238	151	128	383	233	349	160	550	0	121	69	79	450
无锡	55	203	151	128	177	125	273	133	240	50	440	121	0	158	124	340
扬州	111	292	220	275	96	170	420	276	355	197	562	69	158	0	40	488
镇江	78	270	198	241	87	168	387	246	333	164	554	79	124	40	0	453
舟山	384	230	310	223	507	380	85	288	192	296	262	450	340	488	453	0

$F_2 = \sum_{i \in N} \sum_{j \in N} \sum_{o \in H} \sum_{e \in H} c\delta d_{oe} w_{ij} x_{io} x_{je}$：hub 之间的公路运费。

$F_3 = \left(\dfrac{10000000}{m} + 1200000 \right) \sqrt{K}$：hub 的建设总成本和运营总成本，$m=15$。

$e_1 = \sum_{i \in N} \sum_{j \in N} \dfrac{\varepsilon \gamma_1}{100} w_{ij} \left(\sum_{o \in H} d_{io} x_{io} + \sum_{e \in H} d_{je} x_{je} \right)$：hub 与非 hub 节点之间的公路运输碳排放量。

$e_2 = \sum_{i,j \in N} \sum_{h_o h_d \in H} \dfrac{\varepsilon \gamma_2}{100} d_{oe} w_{ij} x_{io} x_{je}$：在 hub 之间公路运输碳排放量。

γ_1 / γ_2：支线/干线公路运输的每千克百公里耗油量；$\gamma_1 = 0.00383$L 燃料/（kg·百公里），$\gamma_2 = 0.00286$L 燃料/（kg·百公里）。

ε：单位耗油的碳排放量，$\varepsilon = 2.63$kg CO_2/L 燃料。

r：碳税（元/kg 碳排放量），根据当前国家发展改革委初步研究，取 $0.03 < r < 0.3$。

（2）数据集合：

$N = \{i \mid i = 1, 2, \cdots, 16\}$：当前网络的全部城市。

H：候选 hub 集合，本案例中 $H = N$。

（3）决策变量：

x_{ij}：0-1 决策变量，$x_{ij} = 1$ 表示城市 i 以城市 j 为其 hub，$x_{ij} = 0$ 表示城市 i 不以城市 j 为其 hub，$\forall i \in N, \forall j \in H$。

（4）其他参数：

$c = 0.00065$ 元/（kg·km）：非 hub 城市之间汽车运输的单位费率。

$\delta = 0.6$：hub 城市之间公路运输的运费折扣率。

$m = 15$：固定投资成本的回收年限。

K：hub 的数量。

2）求解与假设检验

采用 lingo12.0 对以上决策模型进行求解，相关结果如下。

情形一：无低碳要求，以最小化网络总成本为目标。最优网络规划方案见表 4-5。

无低碳要求情形的最优网络规划方案　　表 4-5

hub	方案具体内容
杭州	宁波,绍兴,台州,杭州
上海	舟山,上海
苏州	常州,湖州,嘉兴,南通,无锡,苏州

表 4-5

hub	方案具体内容
镇江	南京,泰州,扬州,镇江
hub 数量 K	4
总成本	7816788 元

情形二:无成本要求,以最小化网络碳排放总量为目标。经计算,有表 4-6 中的结果。假设 H1"在网络规划问题中,成本最小化目标与碳排放量最小化目标是一致的"在此案例中没有被拒绝。

碳排放最小化的最优路网规划方案($K=4$) 表 4-6

hub	方案具体内容
杭州	宁波,绍兴,台州,杭州
上海	舟山,上海
苏州	常州,湖州,嘉兴,南通,无锡,苏州
镇江	南京,泰州,扬州,镇江
碳排放总量	706712kg

情形三:碳税情景。经计算,在碳税 r 从 0.03 至 0.3 以 0.01 的梯度递增变化过程中,最优网络结构没有变化,与表 4-6 保持一致。当碳税 r 增加至 1.9 时,网络规划最优方案变为 5 个 hub,见表 4-7。

碳税 $r=1.9$ 时的最优网络规划方案 表 4-7

hub	方案具体内容
常州	南京,泰州,扬州,镇江,常州
杭州	绍兴,杭州
上海	上海
苏州	湖州,嘉兴,南通,无锡,苏州
宁波	台州,舟山
hub 数量 K	5
总成本	9184367 元

表 4-7 表明,假设 H2"碳税会影响网络结构"在此情景中不能得到支持,换言之,在碳税征收力度处于(0.03,0.3)范围之内时,不会影响企业对网络结构的决策结果。

情形四:碳排放管理情景。给定碳限额,计算可得表 4-8 中的结果。

碳排放管理情形下的规划结果 表4-8

年碳排放配额（kg）	最优网络规划方案	低碳价情形($p=30$元/t)		高碳价情形($p=300$元/t)	
		年总成本（元）	年碳排放量（kg）	年总成本（元）	年碳排放量（kg）
600000	$K=4$：杭州（宁波，绍兴，台州），上海（舟山），苏州（常州，湖州，嘉兴，南通，无锡），镇江（南京，泰州，扬州）	7819990	706712	7848802	706712
700000		7816990		7818802	
800000		7813990		7788802	
900000		7810990		7758802	

注：括号内的城市以括号外城市为 hub。

从表 4-8 中可以看到，在此情景中，碳排放配额的变化没有影响企业网络结构设计的最终结果，从而没有影响网络的碳排放总量。这意味着假设 H3"碳排放管理制度会影响网络结构"被拒绝。另一方面，从图 4-5 中可以看到，企业年总成本与碳排放管理价格呈现负相关关系，换言之，碳排放管理价格的上升使得企业年总成本下降。在给定的年碳排放配额超过 700000kg 之后，企业的年总成本低于不考虑碳排放的情形。

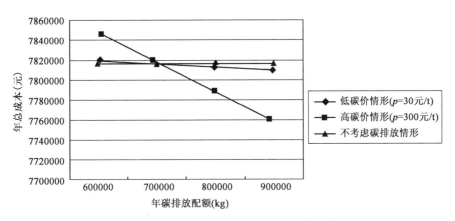

图 4-5　企业年碳排放配额与成本的关系

4.4　小结与展望

作者通过对快递网络规划的理论问题及其应用进行了深入思考，分析我国快递行业及其快递网络规划问题面临的理论与实践挑战；对基于行业经验的企业传统决策模式和基于 OR 方法的数学规划决策模式进行了解构，通过优劣对比，分析、反思现有基于 OR 方法的快递网络规划理论和方法与实践的差距及其优缺点，以及在实践中企业决策层的决策模式及其优缺点。

　　针对低碳经济时代节能减排问题,作者从网络规划的角度研究了网络结构与低碳化之间的关联:首先,深入调研、分析我国快递业务运作过程的典型组成环节,构建快递业务运营的碳排放计算模型;其次,构建了碳税、碳排放管理等两类低碳情景下的网络规划决策模型,并就低碳与网络结构的关系作出了 3 个假设;进而立足企业实际数据构建了一个情景案例,对该案例的分析结果验证了决策模型的有效性,并对前述 3 个假设进行了检验。研究发现,从理论上看,碳税与碳排放配额对于企业总成本与网络结构设计能够产生影响,但是,由于在实践中碳税、碳排放管理价格比较低,因此节能减排、低碳化激励措施对于网络规划决策(或者说网络结构)不会产生明显的影响。这意味着,对于服务水平约束下的快递网络规划问题,以总成本最小化为目标的决策过程与以总碳排放量最小化为目标的决策过程具有很大的相关性和相似性。当然,由于本案例数据与情境存在一定的差异,结论的准确性尚需要在获得更准确数据与信息的基础上做更全面分析。此外,上述分析并不意味着企业无法通过网络优化来达到节能减排的目的。

第 5 章
CHAPTER 5

交通基础设施全生命周期碳排放测算与治理

美国运输部2010年发布的《交通运输部门在温室气体减排中的责任》将交通排放划分为三部分：燃料全生命周期排放、交通工具全生命周期排放和交通基础设施全生命周期的排放。时至今日，尽管世界各国统计口径不同，但"交通排放"都只包括车辆行驶过程中产生的直接排放物（可称之为"排气管排放"），它只是燃料生命周期中的一部分。这就导致以往交通运输节能减排工作更侧重从源头上控制出行行为或从末端上提高车辆能效，但对从基础设施出发的中观层面的减碳措施缺乏激励。

交通基础设施全生命周期节能减排，从参与主体来说，跨越了工业、建筑业和交通运输业，涉及规划方、设计方、施工方、运行方、管理方等多个利益相关者；从考虑的属性来说，不仅要以降低碳排放为目标，还同时受到社会、经济、资源等条件的制约；从面向的问题来说，低碳交通基础设施政策的制定与评价需考虑到不同政策手段在时间、空间、数量、结构、序理上不确定因素的影响，比如不同种类新能源基础设施投放的时机、不同的基础设施养护策略都会使整个系统生命周期能耗排放量发生显著的变化。因此交通基础设施碳排放测算与治理是一项复杂的问题，面对当今国际"低碳经济"的挑战，也是一个不可回避的问题。

5.1 交通基础设施能耗排放测算实践

虽然当前学界已经对交通基础设施全生命周期碳排放分析进行了较丰富的研究，但作为官方结论发布的成果基本出现在2012年以后。

5.1.1 联合国政府间气候变化专门委员会（IPCC）

2007年，IPCC第4次报告中有关交通部门的排放，仅强调来自车辆的废气排放，并未提及核算交通基础设施部分的排放，交通基础设施的能耗排放全部分散到了工业、建筑、商业和公共事业等部门中。

2014年，在IPCC的第5次报告中，虽然交通部门的排放依然只包含"排气管排放"，但是在其第八章"交通运输节能减排路径分析"中已经将"减少交通基础设施排放"和"降低燃料排放"作为并列的标题，并且简单列举了世界各国城市轨道、高速铁路等交通基础设施全生命周期排放强度的研究成果。但该数据涉及的交通基础设施类型不够全面，基本上是铁路领域数据，对于道路、桥梁等其他基础设施的研究成果提及甚少，而且没有提及基础设施全生命周期各个阶段的排放比例及某基础设施在该运输方式的碳排放总量中所占的比例等。

5.1.2 美国

美国运输部2010年发布的报告《交通运输业在减少美国温室气体排放中的地位》指出，在2010年以前对交通运输能耗和排放水平的测算还没有落实到交通基础设施全生命周期的层次，唯一已公布的是切斯特2008年的研究结果，其中按运输方式的不同给出了车辆、燃料和基础设施的生命周期总能耗，但并不能单独识别基础设施的部分。

2013年7月，美国运输部联邦公路管理局发布了《将交通运输温室气体的估计融入规划过程手册》，其中第八章开始提及基础设施全生命周期的核算，定性地给出了计算全生命周期温室气体排放的关键步骤和数据选择，并且指出大布法罗—尼亚加拉区域交通委员会在2030年远期交通规划中进行了能耗和温室气体排放分析。除了估计直接的（来自机动车的）运行能耗和温室气体排放以外，大布法罗尼亚加拉区域交通委员会也估计了间接的交通基础设施建设能耗和排放。间接估计包括施工设备、材料运输以及其他材料方面的能耗和排放。根据道路里程和项目类型，利用纽约州运输部（NYSDOT）程序来评估间接能耗，并将能耗转换为二氧化碳排放量，统计结果见表5-1和表5-2。

大布法罗—尼亚加拉区域2008—2012年交通改善计划/2030年远期交通规划　　表5-1

既定项目	郊区/市区	改善类型	车道里程（mile）❶	单位车道里程建设能耗（BTU/mile，×10^9）	建设总能耗估计值（BTU）
219公路	郊区	新建	5	12.7	63500000000
艾伦街延伸段	市区	新建	0.24	15.24	36576000000
东山走廊	市区	新建	1.84	15.24	280416000000
艾伦木大街，达拉维街至海加达路段	市区	大幅拓宽	0.85	2.28	1938000000
迈茵大街，198公路至赫特尔大街路段	市区	重建	1.59	6.24	99216000000
南大屿桥	市区	代替桥梁	2.64	266.4	703296000000

❶ 1 mile = 1609.344m。

大布法罗—尼亚加拉区域 2008—2012 年交通改善计划/2030 年远期交通规划　表 5-2

项目建议	年份（年）	比重（lb/ft）	材料能耗（Rtu/TM）	杂项 10%	安装 30%	轨道里程（mile）	轨道安装总能耗（BTU）
阿默斯特交通走廊高质量/高运能交通服务	2030	38	3992736000.00	4392009600.00	5709612480.00	14.28	81522266214
托纳万达交通走廊高质量/高运能交通服务	2030	38	3992736000.00	4392009600.00	5709612480.00	10.92	62348968212

5.1.3 欧盟

2012 年，欧盟《欧洲交通温室气体排放 2050 之路》报告对不同运输方式的基础设施全生命周期能耗和排放进行了研究。其第七章分析了基础设施建设与维护、车辆制造与报废的温室气体排放。该报告指出了道路运输与轨道运输两种方式中基础设施碳排放在该运输方式碳排放总量中所占的比例分别为 10%～15% 和 5%～80%。其附录二"来自基础设施建设、车辆制造和报废车辆的温室气体排放"对欧盟交通基础设施全生命周期的能耗和排放水平进行了明确的定量评价。

该报告计算了瑞典铁路基础设施相关的排放，特别是在道路和铁路之间进行比较，同时考虑到两种模式的全生命周期排放，如图 5-1 和图 5-2 所示；该报告还通过文献回顾的方法，给出了道路基础设施全生命周期的各项排放因子，并对各阶段的减排措施的减排效果和潜力进行了分析。此外，该报告总结分析了铁路基础设施建设的 5 项研究案例，根据瑞典铁路 1997—2002 年的数据，计算了其生命周期各阶段能耗比例，并对比了不同类型的轨道车站建设材料用量和不同类型的轨道系统各组成部分的排放情况。

如图 5-2 所示，在铁路基础设施方面，该报告总结分析了 5 项研究案例，根据瑞典铁路 1997—2002 年的数据，计算了其生命周期各阶段能耗比例，并对比了不同类型的轨道交通车站建设材料用量和不同类型的轨道交通系统各组成部分的排放情况。

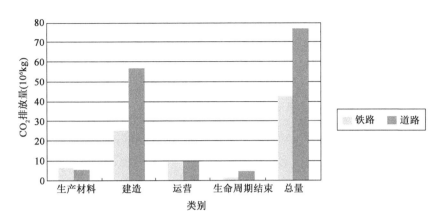

图 5-1 铁路与道路基础设施 CO_2 排放量

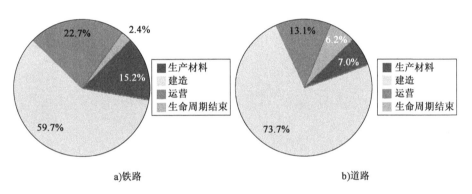

图 5-2 铁路与道路基础设施碳排放总计

5.1.4 日本

2012 年 3 月日本国土交通省牵头编制《社会资产全生命周期环境评价技术实施方法报告》,明确了全生命周期碳排放评价方法,并提出如何借此指导构想、设计、施工、资材选定各阶段技术方案的确定。报告中包括 623 个部门的投入产出表,对排放因子的研究具体到不同水泥厂的排放应该有多少分摊到交通基础设施中,以及如何计算由于机械的折旧和损耗带来的环境负荷,各种管材、线材折合成多少单位的用能和碳排放等。日本政府已出资建立起项目全生命周期评估(Life Cycle Assessment,LCA)数据库,从原材料开采、供应、运输、储存、建设、运营、回收到再生,涉及的所有公司和部门都会将数据录入,通过内置的参数转化为直观的信息,实现数据共享,并便于反馈。

日本各个行业每年会编制大量年鉴资料,蕴含丰富的数据资料和研究成果,但日本非常注重产权保护,成果并不公开,只有实际参加相关项目的人员可以获取资料。

5.1.5 中国

2013年,交通运输部印发了《加快推进绿色循环低碳交通运输发展指导意见》,明确提出要树立全生命周期成本理念,将绿色、低碳、资源循环利用的要求贯彻到交通基础设施规划、设计、施工、运营、养护和管理全过程。但是,在同步发布的考核评价指标体系(表5-3)中,对于公路基础设施只考虑了建设期,港口基础设施只考虑了运营期。在实践中,我国真正系统运用全生命周期法分析交通基础设施用能排放的官方报告尚属空白。

绿色循环低碳公路考核评价指标体系(试行)　　　　表5-3

指标类别		指标名称
强度性指标	能耗强度	建设期能耗下降率
	二氧化碳排放强度	建设期二氧化碳排放下降率
体系性指标	绿色低碳技术应用	耐久性路面结构使用率
		温拌沥青路面使用率
		高性能混凝土使用率
		旧路面材料再生利用率
		可循环材料使用率
		可再生能源应用率
		公路节能照明技术使用率
		公众服务及低碳运营指示系统应用
		车辆超限超载不停车预检系统应用
		隧道通风智能控制系统应用
		电子不停车收费(ETC)设备覆盖率
		施工期集中供电措施应用
		公路沿线设施绿色建筑建设
		施工机械低碳技术改造
保障性指标		节能减排组织机构及工作机制建设
		节能减排统计监测体系建设
		节能减排目标责任评价考核制度
		节能减排宣传培训
特色性指标		可依据公路特点、项目创新情况,设立自定义项。自定义项应当符合绿色循环低碳公路与可持续发展的宗旨,并且达到可测算、可报告、可核实。申请方应在实施方案中提出自定义项申请,并阐述申请理由及分值

注:仅考核建设阶段。

5.2 中国交通基础设施能耗排放政策分析

2003年以来,我国交通运输节能减排的各项政策推进情况如图5-3及表5-4所示,从中可以看到,我国对交通基础设施的要求从"绿色""低碳"发展为目前的"绿色、低碳、循环"。

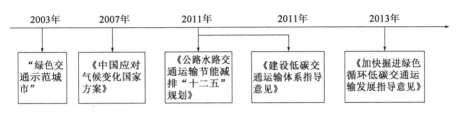

图5-3 我国交通运输节能减排各项政策的提法

国家层面有关交通基础设施节能减排的政策　　　　表5-4

政策或文件名称	发布年份(年)	关键词介绍
"绿色交通示范城市"	2003	提出绿色交通概念,绿色交通示范城市考核评分标准
《中国应对气候变化国家方案》	2007	提出应对气候变化,明确到2010年中国应对气候变化的具体目标、基本原则、重点领域及其政策措施
《建设低碳交通运输体系指导意见》	2011	提出低碳交通概念,加强交通基础设施网络化建设,稳步提升路网技术等级和路面等级,优化公路客货运站场布局,完善行业固定资产投资项目节能评估及审查制度,探索建立道路运输及港口企业节能减排评价审计认证制度
《建设低碳交通运输体系试点工作方案》	2011	要求在每个试点城市开展温拌沥青等低碳铺路技术、废旧路面材料再生利用技术,开展服务区太阳能、风能等能源自给的"低碳试点服务区"建设工程
《交通运输"十二五"发展规划》	2011	要求推广电子不停车收费技术、内河船舶免停靠报港信息服务系统,建设物流公共信息平台、公众出行信息服务系统,实施公路隧道通风照明智能控制,逐步使合同能源管理成为交通运输行业节能技术服务市场的重要机制
《公路水路交通运输节能减排"十二五"规划》	2011	提出"三大体系":节能型交通基础设施网络体系建设、节能环保型交通运输装备体系建设、节能高效运输组织体系建设;"两项专项行动""十大重点工程"

续上表

政策或文件名称	发布年份（年）	关键词介绍
《加快推进绿色循环低碳交通运输发展指导意见》	2013	明确提出要树立全生命周期成本理念，将绿色、低碳、资源循环利用的要求贯彻到交通基础设施规划、设计、施工、运营、掩护和管理全过程
《2014年交通运输行业节能减排工作要点》	2014	要求深入开展高速公路施工标准化活动
《关于交通运输行业贯彻落实〈2014—2015年节能减排低碳发展行动方案〉的实施意见》	2014	要求加快大容量公共交通基础设施建设，鼓励引导慢行系统建设，在交通基础设施设计、施工和监理过程中，严格贯彻执行有关"环评"和"能评"要求
《关于实施绿色公路建设的指导意见》	2016	要求建成一批绿色公路示范工程，形成一套可复制、可推广的经验，行业推动和示范效果显著，绿色公路建设取得明显进展
《2030年前碳达峰行动方案》	2021	要求推动运输工具装备低碳转型，构建绿色高效交通运输体系，加快绿色交通基础设施建设

以上政策中有关交通基础设施节能减排的具体内容如下。

1）"绿色交通示范城市"

为了促进城市交通基础设施建设和"畅通工程"深入开展，进一步改善城市交通，加强城市生态环境保护，2003年，建设部和公安部在全国设市城市范围内开展创建"绿色交通示范城市"工作，活动绿色交通示范城市考核评分标准包括五个方面：组织管理、规划建设、公共交通、基础设施、交通环境。每个方面由若干定量或定性的考核指标构成。

2）《中国应对气候变化国家方案》

中国应对气候变化的总体目标是：控制温室气体排放取得明显成效，适应气候变化的能力不断增强，气候变化相关的科技与研究水平取得新的进展，公众的气候变化意识得到较大提高，气候变化领域的机构和体制建设得到进一步加强。根据上述总体目标，到2010年，中国将努力实现以下主要目标：控制温室气体排放、增强适应气候变化能力、加强科学研究与技术开发、提高公众意识与管理水平。

3）《建设低碳交通运输体系指导意见》

加快完善综合运输网络。加强交通基础设施网络化建设，优化综合运输网络布局，加强全国性和区域性重要运输通道的统筹规划,强化资源的优化配置。加快形成主干线高速化、次干线快速化、支线加密化的路网结构,稳步提升路网技术等级和路面等级。优化公路客货运站场布局,建设衔接顺畅、高效便捷的公路。

加强替代能源技术在交通基础设施建设和运营中的应用。促进太阳能、风能等新能源在公路工程配套设施中的应用,加快发展隧道、服务区、收费站等公路辅助设施太阳能照明及监控技术等新能源技术的应用。

强化交通基础设施节能减排技术研发和推广。推广温拌沥青、沥青冷再生等低碳铺路技术,大力改进和推广隧道通风照明控制技术,推行隧道"绿色节能通风照明工程"。推广港区电网动态无功补偿及谐波治理技术。

完善行业节能减排管理制度建设。建立行业低碳评估与核算制度,完善行业固定资产投资项目节能评估及审查制度,推进公路、港口等建设项目节能评估与审查的开展,探索建立道路运输及港口企业节能减排评价审计认证制度。

4)《建设低碳交通运输体系试点工作方案》

形成低碳型交通基础设施建设理念和方法。支持一批具有示范效应的交通基础建设项目,在项目的设计、选材、施工、运营全过程中贯彻低碳理念,探索总结有关的设计理念、标准规范、建造技术、材料设备、管理方法并积极推广。支持具备条件的现有交通运输基础设施开展低碳化改造。选定天津、重庆、深圳、厦门、杭州、南昌、贵阳、保定、无锡、武汉10个城市开展首批试点工作。

试点工作内容中包括建设低碳交通基础设施。公路基础设施:在每个试点城市选择3~5个高速公路建设项目,开展温拌沥青等低碳铺路技术、废旧路面材料再生利用技术。选择2~3个高速公路服务区,开展服务区太阳能、风能等能源自给的"低碳试点服务区"建设工程。

5)《交通运输"十二五"发展规划》

在绿色交通方面,大力优化公路网结构,提高路网通行能力和效率,提升公路技术等级和路面等级,调整公路运输运力结构;大力研发推广隧道智能通风照明控制技术,推行隧道"绿色照明工程"。推广高速公路不停车收费(ETC)系统。

"十二五"交通运输节能减排示范推广工程有:

(1)智能交通节能减排工程。

推广电子不停车收费技术、内河船舶免停靠报港信息服务系统,建设物流公共信息平台、公众出行信息服务系统。

(2)公路建设和运营节能减排技术推广工程。

推广应用温拌沥青铺路技术、交通建设材料循环利用技术,实施公路隧道通风照明智能控制、高速公路服务区、收费站等节能减排技术改造,大力推进太阳能、风能等可再生能源利用,建设低碳服务区等一批试点工程。

(3)合同能源管理推广工程。

逐步使合同能源管理成为交通运输行业节能技术服务市场的重要机制。

6)《公路水路交通运输节能减排"十二五"规划》

"三大体系"建设:节能型交通基础设施网络体系建设、节能环保型交通运输装备体系建设、节能高效运输组织体系建设。

两项专项行动:节能减排科技专项行动,即大力推进替代能源和可再生能源在交通基础设施建设与运营、运输生产等领域中的应用;重点企业节能减排专项行动。

十大重点工程:智能交通节能减排工程、公路建设和运营节能减排技术推广工程、合同能源管理推广工程、节能减排监管能力建设工程等。

7)《加快推进绿色循环低碳交通运输发展指导意见》

主要任务为强化交通基础设施建设的绿色循环低碳要求。

实现交通基础设施畅通成网、无缝衔接,加强能源节约利用,加强土地和岸线资源集约利用,加强资源循环利用,加强生态环境保护。

8)《2014年交通运输行业节能减排工作要点》

2014年,专项行动的重点是:在公路方面继续推行现代工程管理,深入开展高速公路施工标准化活动;促进公路建设依法用地和节约集约用地;对改扩建工程推广路面材料再生利用和隧道节能照明技术;继续加快推进高速公路联网不停车收费技术应用和推广。

9)《关于交通运输行业贯彻落实〈2014—2015年节能减排低碳发展行动方案〉的实施意见》

加快推进重点领域节能减排降碳工作:加强绿色基础设施建设,推动以公共交通为导向的城市交通发展模式,加快城市轨道交通、公交专用道、快速公交系统(BRT)等大容量公共交通基础设施建设;鼓励引导自行车道和行人步道等城市慢行系统建设。

加强资源节约利用。在交通基础设施设计、施工和监理过程中,严格贯彻执行有关环评和能评要求。全面推行现代公路工程管理,深入开展高速公路施工标准化活动。对改扩建工程,试点应用温拌沥青、沥青冷再生等低碳铺路技术和路面材料循环利用技术。大力推广隧道通风照明节能控制技术。促进太阳能、风能等可再生能源在隧道、服务区、收费站等领域的应用。

10)《关于实施绿色公路建设的指导意见》

突出全寿命周期成本理念,全面实施标准化施工,提高养护便利化水平等措施。实施创新驱动,实现科学高效。包括加强绿色公路技术研究,大力推进建设管理信息化,总结推广建设管理新经验。完善标准规范,推动示范引领以及制定绿色公路标准规范,开展五大专项行动,打造示范工程等措施。

11)《2030年前碳达峰行动方案》

推动运输工具装备低碳转型,积极扩大电力、氢能、天然气、先进生物液体燃料等新能源、清洁能源在交通运输领域应用。构建绿色高效交通运输体系,发展智能交通,推动不同运输方式合理分工、有效衔接,降低空载率和不合理客货运周转量。加快绿色交通基础设施建设,将绿色低碳理念贯穿于交通基础设施规划、建设、运营和维护全过程,降低全生命周期能耗和碳排放。

5.3 低碳道路基础设施治理思路

5.3.1 国外经验借鉴

(1)出于地理条件的限制和政治因素的驱动等原因,欧盟成为国际气候问题谈判的最先倡导者和坚定推动者。

自1990年起,英国国家统计局开始发布空气排放账目,其中包括提供93个行业的大气污染物和温室气体排放统计量。在一个行业的排放账目中,包含所有与该行业相关的温室气体排放量,而不是单纯的该行业的主要经济活动的排放量。对于交通运输行业,英国按照运输方式划分进行了排放统计,并未细分到交通基础设施层面,但学术界很早就已经提出用于各类交通基础设施建设项目全生命周期能耗和碳排放评估的方法,并且先后引入了气候变化税、气候变化协议、排放贸易机制、碳信托基金、国际航空税等多项低碳经济政策,以推动交通运输节能减排的发展。

(2)美国虽然没有批准"京都议定书",但自觉开展了更为丰富的节能减排实践。

早在1969年,美国就制定了《国家环境政策法》,成为世界上第一个通过立法将环境影响评价确定为一项强制执行制度的国家,已经被全球超过80个国家效仿。在美国,大型项目的环境影响评价已经有完整的程序,其中包括对大气环境影响的评价。

1998年,美国联邦公路局颁布了《路面设计中的全生命周期成本分析》,提出了从全生命周期的角度来分析道路基础设施的成本,这也为之后用LCA来分析能耗和排放奠定了基础。

在能源评估方面,美国能源部发起的"现在就节能领跑者计划"(Save Energy Now Leader Program)中,通过组织专家团队、提供评估工具等来分析能耗较高的企业的能源使用情况以及寻找节能机会。这种能源评估是以企业为单位的,主要关注企业运营中能源系统的能耗量,而并未以基础设施为单位进行全生命周期的能源评估。

美国纽约州运输部开发了一个程序,以便于在规划层面上估计基础设施建设和维护阶段的能耗和排放。这个程序被所有的纽约城市规划组织采用,根据美国国家能源计划的要求来报告温室气体排放量。因为规划阶段缺乏确切的施工设备、施工工艺和材料类型等详细信息,因此需利用假设进行简化。这不仅能够估计基础设施建设和维护阶段的总能耗,而且能够为采用何种可替代的建设和维护的技术来减少排放提供依据。纽约州运输部还开发了一种能够将建设和维护的排放信息与车辆运行排放率相结合的工具,被称为"MOVES"。

美国联邦公路管理局2013年开始使用一项收集最新排放信息的电子表格工具,作为在规划阶段对建设与维护总排放值进行预测的研究手段。城市规划组织或者运输部门的用户利用此工具输入公路里程与公路/项目类型建设计划的信息,将得到该施工水平下排放量的估计值。此工具还具备估计当前和未来的道路网络维护排放量的功能,还可以估计因延误或提高路面平整度所带来的运营排放的变化值,以及采用可替代的施工工艺而减少的排放量的数值。

5.3.2　中国治理建议

我国建设第一条公路时,更多的是从经济性出发,力求节约建设成本,促进区域发展。当意识到资源的有限、生态环境的恶化时,能源与环境问题逐渐成为关注的热点。近年来,全球范围内自然灾害频发,造成巨大影响,这也提示我们不能单独地考虑基础设施和社会经济系统或生态系统的关系,还要考虑到基础设施的弹性与可持续性。

1) 从成本导向到低碳导向:分象限击破

由于交通基础设施节能减排和循环利用工作的跨行业、多部门、难量化特点,按照"先易后难"的原则,在开展工作时应首先关注节能减排和循环利用的个别环节,推广节能减排技术。通过与企业一线工程师的直接访谈,了解到决定各项节能减排技术应用情况最重要的因素就是成本的高低。因此,分别以低碳循环和经济为横轴和纵轴,建立一个坐标系,形成4个象限,如图5-4所示。

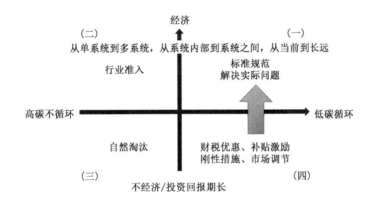

图 5-4　节能减排技术应用的影响因素

位于左下角第三象限的高成本且高碳排放的技术和设备会被自然淘汰。

位于左上角第二象限的低成本但是不满足低碳循环要求的技术,则需要通过行业准入的手段加以约束。比如借鉴建筑业的做法,没有获得绿色建筑标识的项目无法参与评奖,土地审批时会遇到障碍。

位于右下角第四象限的是有利于实现低碳循环,但是成本较高或者投资回报期比较长的技术。一是可以通过财税优惠或专项补贴作为激励,调动企业积极性去研发并使用这类技术。比如沥青拌和楼油改气项目,就是在国家天然气补贴政策激励下成功投入使用的。二是可以采取强制使用某些节能减排和循环利用技术的刚性措施,通过需求的增加吸引更多企业加入市场竞争中,通过市场的自动调节最终使这些技术转移到第一象限内。比如 LED 照明灯具最开始应用的时候价格较贵,但是随着上海市出台了《隧道 LED 照明应用技术规范》,LED 灯在轨道交通、隧道、公交停车保养场等领域出现较大的市场需求,更多的企业开始生产LED灯,并致力于提升产品性价比,以在市场竞争中占领有利地位,现在LED主要部件的价格一直在降,性能也有所提升,应该说已经进入了第一象限,同时达到了经济性和低碳循环的要求。而温拌沥青目前应用范围不够广,应尽快采取措刚性施,最终使添加剂价格下降,也达到经济性的要求。

位于右上角第一象限的能够降低成本且实现低碳循环的技术,既是国家提倡的,也是企业有迫切需求希望大范围推广的,这就需要管理部门切实了解每项技术面临的具体问题和障碍,一一加以解决,并出台技术标准和规范进行指导,加快技术推广。比如沥青混凝土再生料目前在上海供不应求,还有很多被民营企业销往外地,降低了上海本地再生材料利用率,且不符合建材本地化的节能减排原则,应出台规定加以规范。

2）从单个环节到全生命周期:回收环节尚薄弱

交通基础设施的全生命周期如图5-5所示,其全生命周期分为原材料生产、原材料运输、现场施工建造、养护维修、拆除几大环节。其中,养护维修环节本身亦包含原材料生产、原材料运输、现场施工建造的过程。为此,实现交通基础设施的全生命周期循环的闭合,必须在拆除阶段之后、原材料生产阶段之前添加"回收利用"这一阶段,从而保证交通基础设施全生命周期的循环与可持续发展。

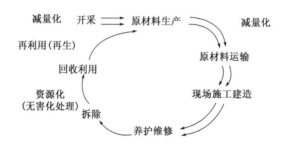

图5-5 交通基础设施的全生命周期图示

据欧盟环境署(EEA)统计,2013年欧盟国家平均垃圾循环利用率为40%,奥地利、德国等国家更是超过了60%。德国每个地区都有大型建筑垃圾再加工综合工厂,仅在柏林就建有20多个。

交通基础设施的"回收利用",具体而言包括实现"减量化""资源化"和"再利用"。其中,"减量化"即大力推广应用节水节材建设和运营工艺,减少开采;"资源化"即加强钢材、水泥、木材、砂石料等主要建材的循环利用,积极推进粉煤灰、煤矸石、建筑垃圾、生产生活污水等在交通基础设施建设运营中的无害化处理和综合利用;"再利用"即提高废旧材料的再生和再利用水平。

3）从基础设施生命周期到交通系统生命周期：从养护变革伊始

交通服务分为交通工具、交通设施和运输组织；相应的完整的交通能耗应包括交通工具全生命周期能耗、交通基础设施全生命周期能耗和燃料全生命周期能耗，如图5-6所示。其中燃料全生命周期能耗应包含能源开采，汽油等燃料生产、运输、存储以及交通工具运行过程中燃料燃烧（或转化）产生的能耗。我们以往关注的部分主要是上述最后一个阶段产生的排放，美国形象地称其为"排气管排放"。尽管国内外对于交通能耗排放的统计口径不尽相同，但均只包括排气管能耗排放，不包含交通基础设施的能耗排放。这是因为排气管排放是直接排放，而基础设施等属于间接排放。因此，世界各国在管理次序上也是先注重降低排气管排放，近些年才关注基础设施的能耗排放。但实际上，基础设施通过平整度、供给量等直接影响着排气管排放，二者之间通过交通运行这一载体联系起来。

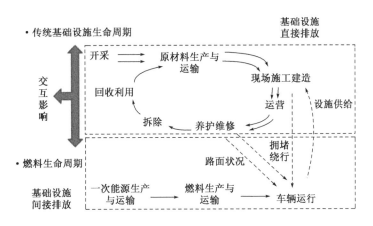

图5-6 基础设施生命周期能耗和燃料生命周期能耗

当在整个交通系统全生命周期的范畴内关注基础设施的排放时，就要重构强调基础设施全生命周期和燃料全生命周期交互影响的分析框架。基础设施与车辆运行的交互影响主要体现在三方面：一是设施供给影响运行车辆种类与结构；二是养护维修策略决定了道路平整度，进而影响车辆排放因子；三是建设施工和养护施工时原有道路通行能力受到影响，导致交通拥堵或车辆绕行。以基础设施为主体，则可将第二和第三部分看作基础设施的间接排放。因此，如图5-7所示，如果以交通基础设施为主题，可将公路基础设施全生命周期碳排放分析边界分为基础设施直接排放与间接排放：其中，直接排放指道路设施本身从原材料开采到拆除回收的全生命周期过程中的排放；间接排放指在道路生命周期中，受道路设施的影响产生的燃料生命周期排放，包括道路服役期内行驶在该路段的车辆相关的生命周期排放,和因基础设施建设和养护维修施工引起的拥堵和绕行产生的排放。

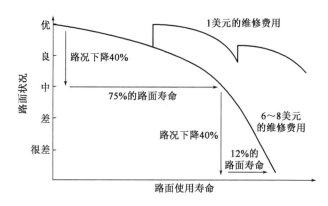

图5-7 路面使用寿命情况

在这个框架下就可以清晰地看到,养护维修对于交通系统全生命周期节能减排具有非同凡响的意义。根据亚洲发展银行的估算,随着路面平面度从 2m/km 增加到 15m/km,车辆的燃料效率将会下降 10%。另外,人们发现,在一个典型项目中,当路面平面度从 2m/km 增加到 4m/km、6m/km 以及 9m/km 时,排放分别增加了 1.6%、3.3% 和 5.8%。每 1 美元的必要养护费用的延迟到位,都会使车辆使用成本增加 3 美元,后期本身养护费用也成倍增长(由延迟程度等因素决定)。因此,积极地对道路进行养护可以产生众多益处——增加项目寿命,减少车辆排放和燃料消耗。反映到行业统计数据上,就是通过建筑业的技术手段降低交通行业的能耗与排放。然而,在当前的考核监测体系与体制机制下,公路养护先进理念因缺乏必要资金支持而无法落地。

在开征燃油税以前,我国公路养护资金大都来自公路养路费。养路费是可预测、可提前安排、可进行融资担保的地方交通部门的"自有资金"。自 2009 年 1 月 1 日费改税后,再也不能进行融资担保,使得公路发展资金的来源大大收窄。总的来说,在燃油税改革后,养护资金存在以下问题:在国家层面,东、中、西部的差距越来越大;在省市层面,用于养护的资金多年不变,燃油税富余的省挪作他用,养路费不足的省也鲜有财政支持;在厅局层面,养护资金每年都不同,目前各地还主要关注建设和还款,从这个层面看资金往往不够;在基层则始终存在养护资金不足问题,市县一级是"有多少钱办多少事",对养护无法做到长远打算。在资金明显不足的情况下,预防性养护等虽然先进却不"紧迫"的理念,是不可能被纳入考虑范畴的。即资金上的不足,导致先进的理念和技术很难得到推进和落实。

为应对当前行业面临的财税体制改革、公路行业相关改革及政府和社会资本合作

（PPP）投融资改革3项重要的改革,稳定养护资金的思路可从宏观、中观和微观3个层面展开。

（1）宏观层面:立即启动事权确认。

强烈建议各局、各单位立即启动事权确认,确认自己的事权到底有哪些,以顺应改革方向,使责、权、资金相匹配。事权明确之后,财政部门应梳理各管养单位的管理能力、资金能力和技术能力。在此之前,省、市、县各级单位都需要明确自己的事权、资金和责任。

（2）中观层面:做好角色转变与创新。

角色转变主要针对公路行业相关改革,一旦公路局行政职能被剥离,就必须改变自己的定位、明确自己的责任与权利。

在创新方面:一是要建立一套科学的评价机制,让行业通过养护监管来购买服务,使养护资金变得充足;二是需要制定一套用户养护资金的制度,并且这套制度应基于公路局系列改革之后的体制机制。

（3）微观层面:制定资金分配依据。

养护资金的分配要跟绩效产生直接的联系,如果养护比建设带来的效果好,那么就把资金投到养护上。关键是必须进行科学的测算,科学制定分配养护资金的机制。

4）从当前到长远：弹性与可持续性

IPCC第五次评估报告强调,气候变化会引发极端天气,未来洪水、风暴潮和热浪恐会日趋频繁且愈加剧烈,灾害破坏基础设施,会带来巨大的社会损失。尤其是交通基础设施的中断,不仅阻碍城市商流、物流的流通,还会影响抢险和救援。由于欧美发达国家基础设施建设较早,目前老化问题严重,已经在这方面吃了很大苦头。比如2012年美国桑迪飓风使城市基础设施功能中断,造成上百万美元的损失,因此2014年纽约拨款50亿美元,专门用于建设"具有弹性的交通基础设施",提高抗灾能力和灾后恢复速度。这迫使人们意识到,各城市在强调节能减排的同时,必须采取措施提高城市弹性并且首先是提高基础设施的弹性,即抵抗打击和快速恢复的能力。因此,在低碳经济背景下,我们强调基础设施节能环保特性的时候也不能过犹不及,因为缺乏弹性的交通基础设施带来的社会经济损失可能远远大于当初的减排效益。

上述经济性、绿色低碳循环、弹性的论述提示我们不能单独地考虑基础设施和社会经济系统或生态系统的关系,还要考虑系统之间的联系。同时,交通基础设施全生命周期节能减排的参与主体,跨越了工业、建筑业和交通运输业,涉及规划方、设计方、施工方、运行方、管理方等多个利益相关者;不仅要以降低碳排放为目标,还同时受到社会、经济、资源等条件的制约,可持续性成为对交通基础设施更高的要求,如图 5-8 所示。

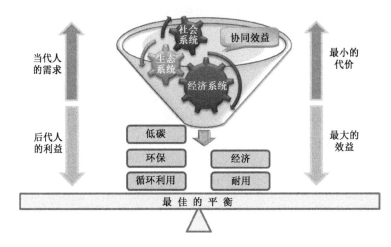

图 5-8 "可持续性"的概念

第 6 章
CHAPTER 6

低碳交通未来之路
——新兴技术

随着全球能源和环境问题的不断凸显,汽车作为石油消耗和碳排放的大户,需要进行革命性的变革,发展新能源汽车已经成为世界各国的共识,我国更是将其列入七大战略性新兴产业之中,大力推动新能源汽车等战略性新兴产业发展。发展新能源汽车对我国落实节能减排战略、转变经济增长方式具有重要意义。新能源汽车代表了世界汽车产业的发展方向,是许多国家发展汽车产业的共同战略选择。对我国来说,发展新能源汽车是促进我国汽车产业转型升级、建设汽车强国的有效手段,也是低碳交通发展的必经之路。

6.1 新能源汽车发展现状与趋势

6.1.1 新能源汽车市场推广情况

不考虑已初步实现产业化发展的非插电式混合动力汽车(Hybrid Electric Vehicle,HEV)和尚未形成市场的燃料电池汽车(Fuel Cell Vehicles,FCV),如图 6-1 所示,2021 年全球新能源汽车市场规模约为 675 万辆。其中,插电式混合动力汽车(Plug-in Hybrid Electric Vehicle,PHEV)占比约为 29%,纯电动汽车(Battery Electric Vehicle,BEV)占比约为 71%。从增长趋势来看,BEV 市场增速高于 PHEV。

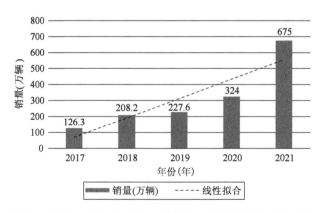

图 6-1 2017—2021 年全球新能源汽车市场规模及增长趋势

美国、中国、德国、法国、英国 5 个国家在电动汽车领域取得了令人瞩目的成绩,在产业发展的速度和推广数量上都占据了全球领先位置。2021 年美国、中国、德国、法国、英国 5 个国家电动汽车销量的全球占比达到 80.70%。其中,中国电动汽车销量的全球占比为51.7%,美国、德国、法国、英国4个国家的合计占比达到29.0%,这其中又尤以德国电动汽车的销量最为突出,占全球总销量的10.2%(图6-2)。

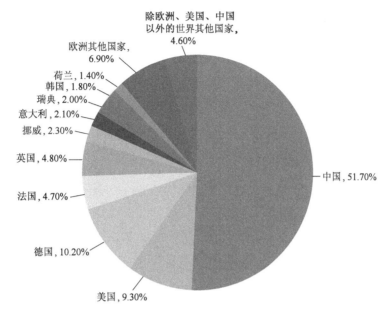

图6-2　2021年各个国家电动汽车销量的全球占比

在总结2009—2012年我国新能源汽车示范推广经验的基础上,财政部、科技部、工信部和国家发展改革委联合开展了新能源汽车推广应用工程,并先后两次批复39个推广应用城市(群)。经过努力,新能源汽车推广应用工作取得了较大进展,并在2015年3月之前,累计推广新能源汽车9.77万辆。之后的2015—2016年是我国新能源汽车补贴政策和加速推广的爆发期,2017—2020年我国新能源汽车的补贴逐渐消退。2021年开始,新能源汽车进入成长期拐点,逐渐步入稳定发展阶段。工信部数据显示,2021年,我国新能源汽车销售完成352.1万辆,同比增长1.6倍,连续7年位居全球第一。但同时,新能源汽车推广应用工作仍面临基础设施建设不足、存在地方保护主义等问题,亟须在下一步的工作中予以解决。

6.1.2　新能源汽车充电基础设施发展动态

2014年,全球电动汽车市场的不断发展带动了基础设施建设和布局的进一步完善。
美国能源部的最新数据显示,美国作为较大的电动汽车市场之一,截至2015年1月,已拥有CHAdeMO交流快速充电站(其中不包括私人充电站)1344座、特斯拉超级充电站908座、SAEJ1772Combo充电站208座。其中,CHAdeMO交流快速充电站适用于三菱i-MiEV、起亚SoulEV、日产聆风等车型,SAEJ1772Combo充电站适用于大众、通用、宝马等品牌。

2014年,日本电动汽车销量位居全球第三,其目前拥有的汽车充电桩(包括家用充电桩)数量已经超过日本国内的传统加油站数量。据了解,日本计划到2030年将全国电动汽车充电桩的数量增加到15万个。东京电力(Tepco)计划到2025年将高速公路上的快速充电桩数量增加到1000个,此外,日立公司(Hitachi Ltd.)也正在开发更小、更轻的充电桩。其他几个国家在充电设施方面也取得了巨大的发展。截至2015年,英国拥有超过12800个充电桩,已经建成欧洲最大的快速充电网络,英国运输部还计划投入3700万英镑(约合3亿元人民币)支持充电设施的建设和使用。截至2022年,德国约有7万座充电站,德国政府未来三年内将投资63亿欧元,计划在2030年的时候达到100万座,在全国范围内快速增加电动汽车充电站的数量。此外,德国希望此计划能帮助德国的电动汽车保有量从目前的150万辆增加至1500万辆。截至2023年4月,根据法国全国电动车发展协会(AVERE)和能源转型部发布的数据显示,向公众开放的充电站总数达到了95755个,距政府设定的"10万大关"仅剩几步之遥。

在国家政策措施的引导下,各地区、各城市充分发挥试点积极性,不断采用新思路、新模式,大力发展新能源汽车充电基础设施。2014年以来,新能源汽车行业已充分意识到了充电基础设施的重要性,各地区的发展更加趋于理性。以住宅、办公场所等自用充电桩为主,以商场、饭店停车场、公共充电站等公用充电桩为辅,以高速公路服务区快速充电站为补充的充电模式逐渐成为行业共识。综合看来,2014年以来我国充电基础设施行业发展呈现以下几个特点。

一是建设数量再创新高,部分城市和区域逐步形成网络。截至2021年9月,全国充电基础设施累计达222.3万个,同比增长56.8%。我国已建成全球最大规模的充电设施网络。综合来看,北京、深圳、合肥三地充换电设施建设数量领先于其他地区。据统计,截至2020年底,北京市累计建成换电站159座,以及充电桩23万个,其中包括私人自用充电桩17.5万个,社会公用充电桩2.9万个,单位内部充电桩1.9万个,业务专用充电桩0.7万个;覆盖社会停车场、单位大院、居民社区,以及邮政、公交、出租、环卫等全部领域,在全国处于领先水平。

二是城际互联互通工程得到快速推进。2014年,国家电网在京沪高速公路、京港澳高速公路(北京—咸宁段)、青银高速公路(青岛—石家庄段)共建设快速充电站133座、快速充电桩532个,基本形成"两纵一横"高速公路快充网络,续行里程达2900km,该网络是世界上最大的高速公路充换电服务网络。京沪高速公路是国内首条具备电动汽车快充服务功能的高速公路,包括50座快充站(平均单向每50km有1座),每座快充站规划建设4台120kW直流充电机、8个充电桩,可同时为8辆电动汽车充电,30min内充满80%电量;先期建设2台充电机、4个充电桩,支持所有符合国家标准的电动汽车充电。2015年2月,国家电网发布了高速公路快充网络服务指南,将为在高速公路上使用电动汽车的用户提供电话预约、人工服务的充电方式,同时公布了充电收费方式、收费标准和京沪高速公路快充站站点分布等信息。截至2021年9月,全国充电基础设施累计达222.3万个,同比增长56.8%。我国已建成全球最大规模充电设施网络。

三是手机App、城市监控平台等智能管理软件得到推广应用。2014年11月6日,上海《新能源汽车及充电设施公共数据采集技术规范》(DB31/T 845—2014)地方标准正式发布[注:已废止,被《新能源汽车公共数据采集技术规范》(DB31/T 845—2020)替代],凡是享受补贴的车辆及充电设施均将纳入统一监控平台,同时发布了公共充电桩"车易充"App。2015年2月,北京市发布了"电动汽车社会公用充电设施分布图"纸质版及手机App"易充网",电动车车主可十分方便地查找附近的充电设施。

四是充电标准不断得到修正和完善,充电设施的兼容性有待加强。充电设施的兼容性是一个城市乃至一个大型经济区域电动汽车充电服务保障体系是否持久有效的重要指标,虽然国家早在2011年就已颁布充电接口推荐性国家标准,但截至目前,一些城市的公共充电设施或汽车生产企业自建的半公共充电设施兼容性仍较差,不同车企、不同车型之间不能通用,严重影响了充电设施的使用效率。2015年以来,在国家有关部门的指导下,汽车、电力、电工等行业标准化机构组织汽车、电力行业有关单位开始了电动汽车与充电设备对接测试与接口标准的完善工作,进一步明确了已有标准中存在的一些有争议和模糊之处,部分地方政府也逐渐加强充电标准的实施力度,推进充电设施行业兼容发展。

6.2 新能源汽车分时租赁理论与实践

6.2.1 电动汽车分时租赁的功能定位

如图6-3所示,电动汽车分时租赁是城市多层次公共交通体系的组成部分,是其他交通方式的补充,适合于短途出行,也可以是长途出行的一部分,便于鼓励更多的组合出行。

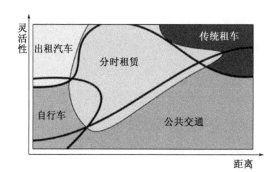

图 6-3　电动汽车分时租赁功能定位

如图 6-4、图 6-5 所示,上海市第五次综合交通调查成果报告显示了公交以 500m 服务半径覆盖人口与岗位的比例,上海市内环基本可以完全覆盖,外环覆盖 90% 左右,远郊地区只能覆盖 50%。公共交通、常规出租汽车在运营时间上也存在空白。而电动汽车分时租赁覆盖全天 24h,并可通过布设租赁点位,覆盖城市远郊区公共交通线路不密集地区(图 6-6)。

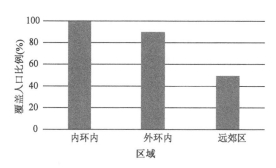

图 6-4　公交 500m 服务半径覆盖人口比例

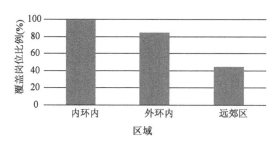

图 6-5　公交 500m 服务半径覆盖岗位比例

图 6-6　服务时段对比图

如图6-7所示,常规出租汽车有驾驶员成本,具有较高的空驶率,占用道路资源。据统计,出租汽车里程空驶率达到35.8%,时间空驶率为38.9%。私人小汽车有高昂的购置费与使用产生的内部成本、外部成本。内部成本包括燃油、设施使用费、税费、保险费以及车辆维护等,外部成本包括空间占用成本、拥挤成本、污染成本以及碳排放成本。而电动汽车分时租赁与出租汽车相比,节约了人员成本,与私人小汽车相比具有更高的车辆使用率,降低了单位汽车公里成本。

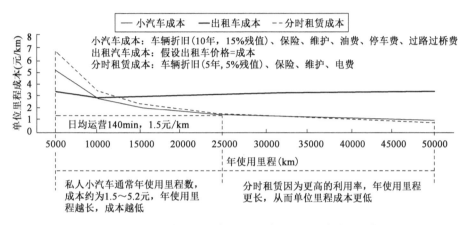

图6-7 电动汽车分时租赁与私家车、出租汽车成本比较

6.2.2 电动汽车分时租赁的综合效益

由于我国城市的发展深受交通拥堵、环境污染、停车位短缺影响;且城市外延不断扩大,人们的居住地与工作地距离增大,对机动化的需求强烈,再加上部分大城市私家车的限行限购政策,促使我国发展新能源汽车与共享经济。分时租赁有三大优势:一是节约,降低用车成本;二是降低碳排放,有利于环保,欧洲的调查报告反映,每个共享汽车用户的碳排放可减少50%;三是省心,共享汽车使汽车用户只是少了所有权,但无购买车险、维护之劳,无担心失窃之虑,也不再需要停车空间。因此,共享汽车被认为是"生活中最明智的选择"。

1)电动汽车分时租赁的经济效益

对于个人来说,电动汽车分时租赁将固定成本与使用成本都分摊到每次具体的出行上,每次共享的边际费用很接近平均费用,消除了公共交通和私人小汽车之间的费用错觉(注:费用错觉是指人们在对比公共交通和私人小汽车时,往往容易忽略私人小汽车的固定成本,如购车、保养、保险等,从而低估了私人小汽车的实际费用。通过电动汽车分时租赁,费用结构变得更加透明,有助于消除这种错觉);与出租汽车和传统租赁汽车这两种相近的交通方式相比,出租汽车常用于单向出行,出行费用包括了驾驶员的费用,使用传统租赁汽车的单次租赁时长则至少在24h以上,汽车分时租赁则更加灵活、划算。

2)电动汽车分时租赁的社会效益

分时租赁和电动汽车已成为可持续交通的替代品,可用于缓解城市的交通拥堵以及环境和社会问题。电动汽车的使用,减少了温室气体排放和对进口石油的依赖,减少噪声污染,拥有潜在的低成本。分时租赁适用于城市内部短途交通,避免公共交通的拥挤,改善社会机动公平性。电动汽车分时租赁在缓解交通拥堵、节能减排、提高出行效率方面对无人驾驶的共享出行有探索意义。电动汽车分时租赁具有如下潜在影响:

①汽车保有量减少,因为一些人成为汽车分时租赁会员后,可能会出售自己的汽车,或推迟购买汽车。

②降低车辆行驶的里程,从而减少温室气体排放,减少交通拥堵,改善空气质量,改善公共空间。

③更高的停车周转率与更少的停车需求,在理论上能释放停车用地,因多人共享一辆车,且24h不间断运营,车辆利用率较私人小汽车更高。

④更高密度的城市发展。当停车空间减少时,开发商可选择更多其他项目填充城市空间,因此有益于城市高密度发展,而这又有利于公共交通的发展。

⑤降低停车位成本。分时租赁有专用停车位,因此减少了用户寻找车位带来的内部及外部成本。

⑥减少长距离出行,增强局部活力。停车位减少可能促使城市局部活力增加,有利于城市多中心发展。

6.2.3 电动汽车分时租赁的服务模式

电动汽车分时租赁的服务模式与汽车共享一致,下面介绍汽车共享的服务模式分类与收费方式。

1)服务模式分类

(1)按照车辆的来源,汽车共享可以分为以下四类。

第一类是独立汽车共享服务。这类服务的性质很像一般的租车公司,完全是根据市场的需求选择合适的车型,然后向汽车厂商购买。这种类型的汽车共享公司代表是Zipcar。除了单纯作为租车公司存在的汽车共享服务商以外,还有由其他机构提供的这类服务,分以下几种情况:

①城市政府机构提供服务:既解决了公务员的公车需求,又给城市的低收入人群提供福利(收费相对营利性公司更低),比如旧金山湾区的 City CarShare。

②大学提供服务:在一些非常大或者偏远的校园,既解决大学公务用车需求(短途出差或者是来往于各个校区之间),同时提供了一种可行的公共交通工具,避免了每个学生都要买车带来的废气排放、停车位成本高和交通拥堵的问题,也减轻了学生的经济负担。位于全美最著名的大郊区的加州大学尔湾分校(University of California, Irvine)就提供了这样的服务。

③轨道交通运营方提供服务:对于一些城际火车、通勤火车的运营商来说,因为车站并不像地铁那样密集,经过的很多地区又是低密度郊区,离乘客家有一定距离,在公共交通和出租汽车不方便的情况下,如果要吸引更多的乘客,往往需要提供大量停车位让人们自驾前往车站,但这样一方面过于昂贵,另一方面又会丧失在车站周围发展商业和住宅区的机会。如果同时在车站提供短时租赁服务的话,就能比较低成本地解决这个问题,既通过汽车共享获得收入,也能吸引更多乘客。德国的汽车共享服务 Flinkster 就是由德国铁路公司提供的。

第二类是传统租车公司提供的汽车共享服务。在很多西方国家,除机场店以外,传统租车公司的大部分服务网点并不是 7d×24h 运营的,工作日营业时间"朝九晚五",周六只有上午营业,周日往往歇业。然而大部分租车的需求又集中在周末,取还车很不方便。这使得租车公司常常需要推出一些从周五到周一连租 3d 的优惠项目,从而吸引顾客。汽车共享的概念开始流行以后,很多大型传统租车公司也开始在自己的租车网点的停车场中同时提供按小时租赁的自助式租车服务,比如 Enterprise Rent-A-Car 有 WeCar,Hertz 有 Hertz on-demand,Uhaul 这家以出租搬家用多用途货车(俗称"皮卡")、货车和拖车的公司也提供了 Uhaul Car Share 服务于短途搬家需求,也就是跟 Zipcar 一样的汽车共享服务。此外,除了自己运营汽车共享服务以外,很多小型租车公司则会选择汽车共享服务平台,比如 Justshareit,来利用自己的空闲车辆提供汽车共享服务,获取更多的收益,并且免于开发自己的汽车共享应用、自行安装相应的电子设备等成本,也不需要担心运营规模不够的问题。

第三类是汽车厂商提供的租车服务。这一类汽车共享服务是由汽车厂商成立子公司提供的,最典型的例子如奔驰的 Car2go 和宝马的 Drivenow。汽车厂商自己提供租车服务的好处是可以通过在城市中大量停放自己的车辆,让很多人有机会地深度体验自己的车型,从而起到对旗下车型进行宣传的效果。同时,因为全部是自己生产的车辆,维护也更加方便。

第四类是通过普通民众的私人车辆提供短时租赁的汽车共享平台。这种模式更符合"汽车共享"的原意。如果自己的车长期闲置,可以通过这种租车平台把车租出去。对于车主来说,可以挣到收益。而对于消费者来说,租车的地点、车型、价格区间都更为广泛,这类公司中代表性的包括 Justshareit、Turo、FlightCar。但 Turo 只提供像传统租车公司一样的按天租车服务;FlightCar 则主要在机场提供按天租车的服务,车主可以自己开车到飞机场,停到机场旁的 FlightCar 停车场,然后 FlightCar 再利用车主返回之前的时间把车租出去,既避免了在机场停车很多天的高额停车费,又不用采用在美国很昂贵的出租汽车或者是共乘接驳车出行方式。但这两个公司因为都不提供短时租赁服务,所以不属于一般汽车共享的范畴,只有 Justshareit 可以归在其中。

(2)按照取车和还车的限制,汽车共享可以分成以下四类。

第一类为 Round-trip,每一辆车有固定的停车点,用户从一个地方取车,用完以后必须像传统租车一样,归还到原来的地点。

第二类为 One-way Station-based,单程汽车共享,用户可以从 A 点取车,在 B 点还车。例如法国的 Autolib、上海的 EVCARD。

第三类为 One-way Free-floating,这种模式的汽车共享,用户可以在任意允许停车的停车场取车、还车,汽车共享公司没有特定的租赁点。

第四类为 Peer-to-peer,这是一种个人到个人的汽车共享,公司只提供平台,具体的租借行为由车主与用户在私下达成协议。例如新加坡的 Carsclub。

2)收费方式

汽车共享基本的收费方式是按分钟或小时收费,费用里面也包含了基本的保险费,同时,绝大部分公司也包含油费(使用车上带的油卡在合作的加油站处加油),有的甚至也包括过路费、过桥费(通过车载 ETC 缴纳),自由流动模式也包含停车费。然后根据车型和租车时段的不同,会有不同的每小时/每分钟的费率,周末一般更贵一些。但也有少数公司在时间费用之外,还有一个根据行驶里程征收的费用。里程费有可能是超出一定里程后再征收,也有可能是只要用车就产生,与时间费复合成为总价。同时,很多公司会提供一些优惠包,比如按小时计费的会提供一个按天租车的折扣价,这样也可以跟传统租车公司直接竞争。按分钟和里程计费的会提供一个 2h 的折扣价,同时提供一个按天租车并包含更多里程的折扣价。

很多公司也提供缴纳会员费的选项,如果用户愿意每年或者每个月交一笔固定的会员费的话,平常的租车费率会更低,或者可以获得一些额外的服务,比如说保险从基本的保险(如果用户发生自己有责任的交通事故仍需赔偿,但是赔偿有上限,超过部分由保险公司支付)升级为完全免赔付的保险。

此外,因为需要办理会员资料,领取电子会员卡或钥匙,大部分公司都有一个一次性的申请费。当然,在初期很多公司会免除申请费,以便迅速打开市场。

6.2.4 电动汽车分时租赁的实践案例

根据罗兰贝格的研究数据,全球范围内的共享汽车保有量自 2006 年以来已经增长了 2 倍以上。2021 年,全球共享汽车数量已经超过 60 万辆。其中以法国的 Autolib 项目和德国的 Car2go 项目最具代表性,Autolib 是以巴黎市政府与交通运输协会以及运营企业合作协同,把电动汽车共享纳入城市公共服务管理,Car2go 则是以车企为主导,在全球 30 个城市开展汽车共享的典型代表。

1)国外实践案例

(1)法国。

在全球电动汽车商业模式创新领域,法国的电动汽车租赁项目 Autolib 颇具示范效果。经过两年的实验和准备,法国博洛雷集团于 2011 年底在巴黎正式推出了 Autolib 项目,随后将服务扩张到法国里昂和波尔多,截至 2016 年 6 月,该项目已在法国推出了 1084 辆电动汽车和 5935 个充电站点。从 2014 年开始,博洛雷集团已经开始将该项服务推广至英国、美国、韩国、新加坡等多个国家。

①项目简介。

2009 年,法国巴黎市长贝特朗·德拉诺埃(Bertrand Delanoe)发起了名为 Autolib 的电动汽车租赁项目。该项目由巴黎市政府组织管理,并由法国博洛雷集团(Bollore Group)负责运营。Autolib 项目提出之初,就获得了法国政府 400 万欧元的补贴。2011 年初,欧洲投资银行又向博洛雷提供了 1.3 亿欧元贷款用于电动汽车研发。

Autolib 项目于 2011 年 12 月正式面向社会公众服务,首批投放电动汽车 250 辆。随后,项目在里昂、波尔多及美国印第安纳波利斯得到推广。而伦敦能源部在得到公共交通方面的商业赞助后,决定在 2015 年引入项目。在寸土寸金的巴黎市区,目前已建成

500个地面停车点和200个地下停车点。其中,一个地面停车点可停泊4辆电动汽车,而一个地下停车点则停泊10辆车,累计可供4000辆电动汽车进行充电,能为400万名市民提供服务。

到2015年1季度末,AUTOLIB项目在大巴黎地区已经投放了3010辆电动汽车,会员总数约为15.5万人。图6-8为博洛雷公司成立以来的车辆增长与会员发展变化图,由此可知,2011—2014年,车辆增长的年复合增长率为125%,而会员人数的年复合增长率为159%。图6-9为博洛雷公司2011—2015年汽车共享会员人数和车辆数的比值。

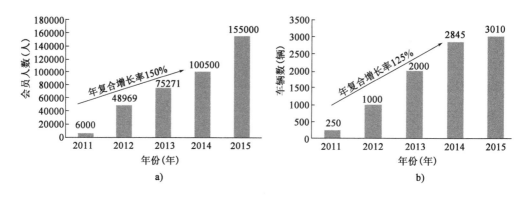

图6-8　博洛雷公司成立以来的会员与车辆数发展情况

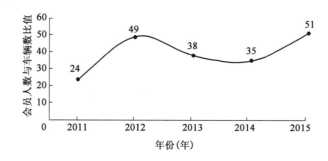

图6-9　博洛雷公司成立以来的汽车共享会员人数与车辆数比值

②商业模式。

a. 整车和电池。

如图6-10所示,在Autolib项目中,博洛雷公司和平尼法瑞那公司共同设计、研制参与租赁的Bluecar电动汽车,同时与意大利汽车设计制造商比南法利纳合作生产制造。该款车的电池是由博洛雷公司旗下的Bluecar stations耗资15亿欧元研制的新一代聚合金属锂电池,在电池充满状态下的电动汽车在市区内的续驶里程为250km。电池制造商和供电商通过博洛雷旗下的物流分别将电池和电能从布列塔尼省(Brittany)输送至电动汽车制造厂和充电基础设施建设地区。随后,巴黎市政府和博洛雷成立的政府-私人合作公司将电动汽车租赁给普通消费者。

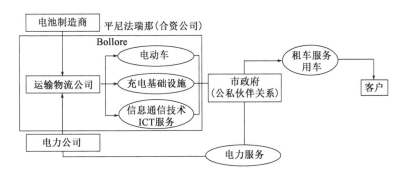

图 6-10　电动汽车的商业模式

电动汽车的租金根据长租和短租形式的不同有所差异。在预定电动汽车时,Autolib 项目呼叫中心接线员询问是要办理包年(120 欧元)、包月(25 欧元)、一周(10 欧元)还是一天的会员业务。申请越长时间的会员,相应租金价格就越优惠:日会员每 0.5h 的租车价格是 9 欧元,而包年会员则只需 5.5 欧元。

市政府与该公共服务的受托经营者博洛雷公司签署了一项协议,协议中规定博洛雷公司承担维修费和保险费,每年每辆车为 3000 欧元。

Autolib 项目对使用者具有方便灵活的特点:租赁用户租车之后不需要将车驾驶到原租车地,这意味着用户可以单程使用汽车,即租车前往目的地而返程采用其他交通工具。这一特点有助于增进公共交通的使用,减少私人车辆的使用,从而有助于减少交通拥堵、汽车废气污染等。

b. 基础设施。

2014 年 12 月,法国博洛雷集团宣布旗下的 Autolib 电动汽车共享项目进入英国伦敦市场,并将在 2015 年 9 月引进 200~250 辆电动车,车型为 Bluecar。与此同时,博洛雷公司还将使用其"汽车共享服务"技术,在法国国内建设电动汽车充电桩 1.6 万个。所谓"汽车共享服务"技术,就是连接相关系统、软件与充电点,使其汽车共享服务得以正常运转。这些充电桩建设历时 4 年,耗资 1.5 亿欧元,平均每个充电点耗资 9375 欧元。此外,这些充电桩的规格均为 7kW 交流(单相),功率为 3 相 22kW,以便雷诺 ZOE 和其他品牌电动汽车进行快速充电。这一举措将带动法国电动汽车产业特别是电动汽车共享服务领域的飞速发展。

另外,博洛雷公司还将对充电桩的充电服务进行全国统一定价,按照消费者实际使用时长进行计费,合理的价格设计对公众消费与项目推广来说都是非常有利的。

③系统服务。

博洛雷公司在巴黎市中心和郊区建立了电动汽车预定亭,为有意向租赁电动汽车的租客提供电子注册服务。预定亭自动对租客的驾驶执照、护照和信用卡进行扫描和记录后便会生成客户的电子会员卡。巴黎的每个"租赁站"对应 3~5 个 Autolib 项目专用停车位和充电点。客户将之前拿到的电子会员卡放到"租赁站"的阅读器上,输入密码,机器自动确认其驾驶执照是否有效,以及客户是否受到酒精或药物影响之后,为其分配车辆。车内有一个数字触摸屏,提供完整的 GPS 导航系统、汽车剩余电量提醒,以及对应能行驶的里程。车内的蓝色按钮在遇到问题或是紧急状况下,可直接联通 Autolib 呼叫中心。车内的无线电系统会记录用户的触摸操作,为用户提供偏好设置和预置选项的相关历史记录。

用户通过 Autolib 官网、租赁站屏幕和两个智能手机应用(App)不仅可以提前预订电动汽车(最多只能提前 30min 预约),还可以预约目的地的停车空位(最多提前 90min 预约)。同时,该系统还可以根据剩余电量为用户选择最近的充电站或者定位最近的停车场位置。

(2)德国。

2008 年 10 月,戴姆勒-奔驰公司在德国乌尔姆推出了 Car2go 项目。阿姆斯特丹于 2011 年 11 月正式实施世界上首个纯电动汽车共享计划 Car2go 纯电动车项目,该计划由德国戴姆勒公司和阿姆斯特丹政府共同推进,第一批引进共 300 辆 Smart-Fortwo 纯电动汽车提供汽车共享服务。至 2013 年 6 月,该项目已拓展至欧洲、北美洲的 7 个国家、20 个城市。最先开展汽车共享模式的城市包括乌勒姆、汉堡、奥斯汀、阿姆斯特丹,现已逐步进入盈利阶段。

2009 年,戴姆勒推出了 Car2go 项目,打破按天计费、门店租车还车的运营模式,开启了"汽车共享"新模式:即时自助、随性出行;单程随处还车,网点遍布全城;按分钟计费,支付简单透明。这一项目被称为"创新的城市绿色出行方案"。

Car2go 试图活化车辆在交通之间的空白时间,通过共享的机制,将车辆无意义的停车时间缩至最短,让车辆保持较高的运行效率,以最少的汽车数量满足尽可能多的出行人员交通需求,减少用车总数,改善交通环境,并减少资源的浪费。

截至 2015 年 3 月,Car2go 已拥有 100 万个会员,并成为全球最大的汽车共享服务项目。Car2go 在德国、荷兰、加拿大、奥地利、意大利、瑞典、丹麦和美国等 8 个国家的 30 个核心城市成功运营,商业模式。

①整车和电池。

Car2go 项目使用的车型为戴姆勒集团旗下的 smartfortwo ED,在电动车基础设施建设成熟的德国的斯图加特、荷兰的阿姆斯特丹以及美国的圣地亚哥,已采用纯电动版的 smartfortwo ED 提供 Car2go 的汽车共享服务,总计已有 1250 辆纯电动版的 smartfortwo ED 上路运转。前两代电动版 smart 的电池供应商是美国电动车公司特斯拉,第三代电动 fortwo 的电池供应商则是 Deutsche Accumotive(戴姆勒和德国供应商 Evonic 的合资公司)。最新一代的 smart 电动版由容量为 17.6kW·h 的锂离子电池提供电力,在电池充满状态下的续驶里程可达 140km 以上。Car2go 有专属的维修团队,透过云端系统,随时监控车辆的状况以及回应会员,以提供最佳的服务品质。

②基础设施。

Car2go 项目目前并不提供不同城市间的异地还车服务,充电便利性则依托于运营城市的基础设施建设情况。德国正着手在其境内的 A9 高速公路上(在慕尼黑和莱比锡之间)完成快速充电基础设施建设,每 80km 设置电动汽车充电站。该项目的完成将实现电动汽车的长途运行。

③系统服务。

Car2go 项目是一种智能化的商业模式。Car2go 的参与者首先需要缴纳 19 欧元加入会员,获得会员卡。使用此卡,便能开启任何一辆停在市区内的 Car2go 车辆的车门,再输入密码,从车辆的控制盒中取得钥匙,便可以即刻开始用车。当车用完之后,车辆无须交还特定服务中心,仅需停放在市区内任意合法的停车位,将钥匙放回控制盒后便可以离开。而停放的车辆即刻开放给其他会员刷卡使用,以提高车辆的使用率。

Car2go 计费方式以分钟为单位对会员的使用时间收费,用户可通过支付软件进行网上付款。目前德国柏林的 Car2go 计费标准为 0.29 欧元/min,停车时计费标准则为 0.19 欧元/min,会员完全无须承担汽车的购置成本及各项使用费用。

Car2go 设计了一款便捷的 App,其运行界面主要包括车况展示、车辆定位及车辆预订功能。通过此 App,会员可以利用定位功能锁定距离最近的车辆,最多提前 30min 进行车辆预订。在车辆运行期间,App 将即时提供车辆位置、清洁程度、剩余电量等动态车况信息。此 App 亦可代替传统晶片会员卡,完成开关车门、电子支付等功能。

2)国内实践案例

随着共享经济、新能源汽车、充电桩的普及和政策的支持,我国很多城市与机构也纷纷加入电动汽车分时租赁模式的探索与应用中。

我国分时租赁有两种方式:一是由生产企业提供的新能源汽车租赁方式,二是由左右左、时空、易多、易约车、易卡、车纷享、EVCARD 等众多新能源汽车运营企业提供的分时租赁方式,见表6-1。

国内分时租赁项目　　　　　　　　　　　　　表6-1

序号	项目	开始运营时间	公司	地点	车型	网点数量（个）	车辆数量（辆）	资费
1	EVCARD	2013年09月	上海国际汽车城新能源汽车运营服务有限公司	上海	E50、奇瑞EQ	600	1000	0.5元/min
2	易约车	2013年	易路达(北京)科技发展有限公司	北京	E150	34	—	34.9元/h
3	易卡租车	2013年9月	易卡绿色(北京)汽车租赁有限公司	北京	E150	8	300	30元/h
4	微公交	2013年10月	浙江左中右电动汽车服务有限公司	杭州	康迪	10	1000	20/25元/h
5	车纷享	2010年	杭州车厘子智能科技有限公司	杭州	E150、E200、别克凯越	80	200	16.7~21.8元/h
6	GREENGO	2014年12月	北京恒誉新能源租赁公司	北京	E150为主	50	1500	30元/h

6.3 纯电动地面公交系统规划与设计

地面公交系统具有固定线路、固定发车时刻、固定停放地点等特点,在一定程度上缓解了新能源汽车在管理、续驶里程及充电等方面的不足。因此,地面公交系统是目前我国新能源汽车率先推广应用的突破口。随着全国多座城市先后开展了电动公交车辆的示范运营,电动公交车辆进入了规模化应用时期。

电动公交车是一种新型的交通工具,其能量来源、能量补给形式与传统内燃机公交车辆相比有较大区别。电动公交车运行过程中的能量来源于自车载动力电池组的放电,其能源补给则通过地面充电机对车载动力电池组的充电实现。因此,电动公交车的运行需要规划建设充电基础设施。

而更换式充电站具有提高车辆利用率、满足目前锂离子电池充电温度要求和电池维护方便的优点,成为国内纯电动公交车的电能补给的主要模式。因此,本书主要讨论"蓄电池更换-分散充电"模式的充电站规划设计。

6.3.1 车辆运行规则设计

本章计算电动公交线路充电需求时,做出以下几点假设:

假设1:假设充电站建设在公交线路首末站附近。

假设2:假设所有电动公交车辆初始满电,且每次换电均换上充满电的电池组。

假设3:假设在车辆运行过程中,电池能量随行驶里程线性消耗,即忽略天气、客流对车辆能耗的影响。

假设4:假设电池组充满电所需的时间与充电倍率、充电深度呈线性关系。

关于电动公交车的运行,假设主要遵循以下几个规则:

规则1:电动公交车辆只从首末站发车,往返一圈计为一个车次,同一公交线路的所有公交车辆只在首末站附近的一个固定充电站更换电池组,完成换电后立即空驶回到首末站待命。

规则2:电动公交车辆不在执行某一车次任务过程中返回充电站接受能源补充,即在车辆运行过程中,当执行若干车次任务后,若剩余续驶里程不足以支撑下一车次任务所需的行驶里程,则返回充电站进行能量补充。

规则3:电动公交车辆完成末班车次任务后收车,无论电池组剩余电量多少,均驶往充电站更换满电电池组,再返回首末站存车,结束一天的运营。

在电动公交车辆运行过程中,车辆行驶轨迹如图6-11所示。

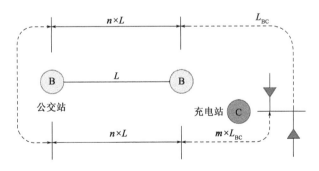

图6-11 电动公交车运行轨迹示意图

电动公交车辆的行行轨迹可描述为:发车(充电站发车)→执行车次任务→返回充电站更换电池→执行车次任务→返回充电站更换电池→收车(返回充电站)。即:车辆从充电站发车后,执行若干车次任务后,当车辆续驶里程不足时,则需返回充电站进行能源补给后方可继续投入线路运营。

6.3.2 电动公交车辆充电需求分析

本小节通过分析电动公交车辆及其线路特征,计算电动公交车辆更换电池组的起止时刻以及电池组充电的起止时刻,以作为下文中计算电动公交车辆充电站设施容量的基础。

1)电池组更换时刻

经过大量研究可知,70%~80%的放电深度有益于延长电池的使用寿命,并且能提供一个良好的工作环境,所以在满足时刻表要求的前提下保证SOC值在一个合理的水平,不但可以降低运营成本,还可以避免因过度放电而造成的蓄电池损耗。因此本书规定约束 $SOC_{min} > 0.3$,则:

$$\text{range} = \text{Range} \times (1 - SOC_{min}) \tag{6-1}$$

式中:Range——电动公交车辆理论最大续驶里程(km);

range——电动公交车辆实际最大续驶里程(km);

SOC_{min}——最低荷电状态。

根据假设1,充电站建在始末站附近,线路所有车辆均在此充电站内更换电池组。在此情况下,电动公交车运行时间构成如图6-12所示。

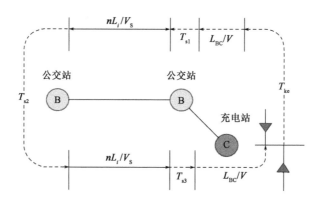

图6-12 电动公交车运行时间构成

当满足以下条件时,则判定电动公交车需要进入充电站进行电池更换操作:

$$2l + N \times 2L \leq \text{range} < 2l + (N+1) \times 2L, N = 1, 2, \cdots \tag{6-2}$$

式中：L——单向线路长度（km）；

l——始末站去充电站的距离（km）。

由上式可知，当电动公交车剩余电量不足以支撑下一周期运行所需的续驶里程时，则进入充电站进行电池更换操作。因此，电动公交车辆单次充电，所能执行的车次任务数可通过下式计算：

$$N_{max} = 2 \times fix\left(\frac{range - 2 \times l}{2 \times L}\right) \tag{6-3}$$

式中：N_{max}——电动公交车辆充满电最大能完成的车次任务数；

$fix(x)$——截尾取整函数。

以运营时间为轴线，分别记录每辆公交车更换电池的时刻，即可得到线路所有电动公交车一日运行中所需更换电池的开始和结束时刻，并将此时刻组成一个集合，记作：

$$ExchangeE(h,n) = ExchangeS(h,n) + T_{ex} \tag{6-4}$$

式中：T_{ex}——电池组更换时间；

$ExchangeS(h,n)$——第 n 辆公交车第 h 次更换电池开始时刻；

$ExchangeE(h,n)$——第 n 辆公交车第 h 次更换电池结束时刻。

2）电池组荷电状态

统计被换下电池组 SOC 的目的是计算该电池组充满电所需的充电时间，从而得到该电池组可被其他车辆换上使用的时刻，以及该电池组充电过程中充电设备的占用时间。

电池组的荷电状态与返回充电站时车辆所行驶距离有关，电动公交车执行完单次充电最大能完成的任务数后，车载电池组的放电深度为：

$$DOD = \frac{N_{max} \times 2L + 2 \times l}{Range} \tag{6-5}$$

$$SOC = 1 - DOD \tag{6-6}$$

式中：DOD——电池组的放电深度（%）；

SOC——被换下电池组的荷电状态（%）。

3）车辆剩余续驶里程

基于假设3，可根据车辆已行驶的里程计算该车辆的剩余续驶里程以及该车载动力电池组充满电所需花费的时间。

$$Remain = range \times SOC \tag{6-7}$$

式中：Remain——电动公交车的剩余续驶里程（km）。

4）电池组充电时间

由上文可知，充电过程中，电池组充满电所需的时间与充电倍率、充电深度呈线性关系。则该车载电池组充满电所需时间可用下式计算：

$$DOC = DOD \tag{6-8}$$

$$T_{ch}(b) = \frac{1}{r} \times DOC \times 60 \tag{6-9}$$

式中：DOC——电池组的充电深度（%）；

$T_{ch}(b)$——第 b 套电池组的充电时间（min）；

r——电池组的充电倍率（C）。

以运营时间为轴线，可得到充电站一天运营中，所有电池组充电开始和结束时刻，并将这些时刻，组成一个集合，记作：

$$Charge = [ChargeS, ChargeE] \tag{6-10}$$

$$ChargeS(b) = ExchangeE(h, n) \tag{6-11}$$

$$ChargeE(b) = ChargeS(b) + T_{ch}(b) \tag{6-12}$$

式中：ChargeS(b)——第 b 套电池组充电开始时刻；

ChargeE(b)——第 b 套电池组充电结束时刻。

5）电池组日更换次数

电池组日更换次数即电动公交线路所有车辆一日运行过程中，需返回充电站接受电池更换服务的总次数，可用下式计算：

$$b = fix\left(\frac{M}{N_{max}}\right) + 1 \tag{6-13}$$

式中：M——公交线路的车次任务总数；

b——公交线路的电池组更换总数。

6.3.3 电动公交车辆换电站规划与设计

如图 6-13 所示，电动公交车辆换电站主要由电池组充电系统、电池快速更换系统、充电站监控系统三部分组成。

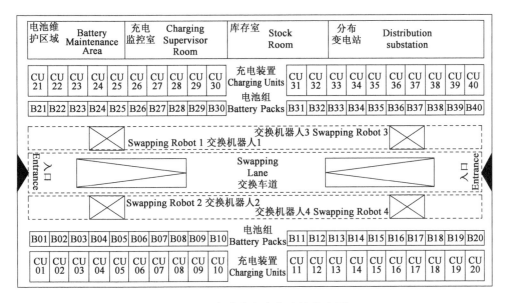

图 6-13　电动公交车换电站示意图

1）电池充电系统容量

电动公交车充电站充电系统容量规划主要解决电动公交充电站内各类充电设备的配置数量、电池组规模以及充电站总体配电容量的问题。其中,电池组充电单元是充电站电池充电系统的基本工作单元。因此,本小节先就电池组充电单元的容量设计展开讨论。在此基础上,研究充电站充电系统的总体配置容量。

(1)单体充电机容量。

由前文可知,每辆电动公交车上装备的一组动力电池均由若干不同编组方式的电池箱构成。在分箱充电模式下,充电系统按电池组为基本单位进行充电。每一个动力电池组均对应一套容量匹配的充电机。

以恒流限压充电法(CC/CV)为标准充电方法,在一个完整的充电周期中,充电机输出电流 $I(t)$ 和输出电压 $U(t)$ 的典型曲线以及充电机输出功率 $P(t)$ 的曲线如图 6-14 所示。

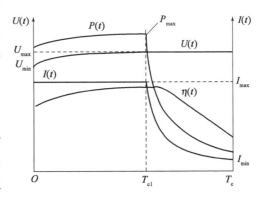

图 6-14　充电过程中充电机参数的典型曲线

充电机的效率 $\eta(t)$ 与充电机输出功率的变化趋势基本一致,当输出功率达到峰值 (P_{max})时,充电机效率也达到最大值。根据充电机输出功率曲线,单台充电机的输出功率可表示为：

$$P(t) = \begin{cases} U(t) \cdot I_{max}, & 0 \leq t \leq T_{c1} \\ U_{max} \cdot I(t), & T_{c1} \leq t \leq T_c \end{cases} \quad (6\text{-}14)$$

式中：$P(t)$——充电机的输出功率(W)；

$U(t)$——充电机的输出电压(V)；

U_{max}——充电机的最大输出电压(V)；

$I(t)$——充电机的输出电流(A)；

I_{max}——充电机的最大输出电流(A)；

T_{c1}——恒流限压阶段结束时刻(min)；

T_c——充电结束时刻(min)。

考虑充电机效率及线路损耗，则单台充电机所需的瞬时容量可表示为：

$$S(t) = \frac{P(t)}{\eta(t) \cdot \varphi} \quad (6\text{-}15)$$

式中：$S(t)$——单台充电机所需的瞬时容量(VA)；

$\eta(t)$——充电机的效率；

φ——线路机无功损耗。

假设 $P(t)$ 到达 P_{max} 时，充电机输入侧所需的最大容量为：

$$S_{max} = \frac{P_{max}}{\eta_{max} \cdot \varphi} \quad (6\text{-}16)$$

单台充电机的输出和输入容量分别表示为：

$$P_d = (1 + \gamma_C) \cdot P_{max} \quad (6\text{-}17)$$

$$S_d = (1 + \gamma_C) \cdot S_{max} \quad (6\text{-}18)$$

式中：γ_C——充电机设计富余容量(%)。

(2)电池组充电单元充电机配置规模。

电池组充电单元是由若干充电机编组而成，其单体充电机的配置可用下式表示：

$$C_U^m = [C_1^m, C_2^m, \cdots, C_k^m] \quad (6\text{-}19)$$

式中：C_U^m——电池组充电单元的充电机配置；

C_k^m——第 k 箱电池对应的单体充电机；

m——电池组充电单元编号。

因此，电池组充电单元的单体充电机台数可表示为：

$$N_U^m = \text{Length}(C_U^m) \quad (6\text{-}20)$$

式中:Length——返回向量列数;

N_U^m——充电基本单元配置的充电机数(台)。

(3)电池组充电单元容量。

电池组充电单元由若干单体充电机编组而成,其配电容量可用下式计算:

$$S_D = \sum_{k=1}^{m} S_d^k, k = \{1, 2, \cdots, m\} \tag{6-21}$$

式中:S_D——电池组充电单元输入侧的最大容量(VA);

S_d^k——第 k 台充电机输入侧的最大容量(VA)。

2)充电系统总容量设计

(1)充电机总数量。

由前文可知,电动公交车充电站电池充电系统充电过程中,每一组动力电池对应一套电池组充电单元。因此,充电站充电系统所需电池组充电单元数量即为充电站运营过程中同时充电的电池组数的最大值。

$$N_S = N_{Cmax} \tag{6-22}$$

式中:N_S——电池组充电单元配置数量(套);

N_{Cmax}——同时充电的电池组数的最大值(组)。

因此,充电站的充电机配置规模可表示为:

$$C_S = [N_U^1, N_U^2, \cdots, N_U^m], m = \{1, 2, \cdots, N_{Cmax}\} \tag{6-23}$$

式中:C_S——充电站充电机配置矩阵;

N_U^m——第 m 个充电单元所需配置的充电机数量(台)。

充电站的充电机总数为:

$$N_{Charger} = \text{Numel}(C_S) \tag{6-24}$$

式中:Numel——返回数组中元素总数;

$N_{Charger}$——充电站充电机总数(台)。

(2)充电系统总容量。

电动公交充电站充电系统总容量取决于充电站内电池组充电单元的容量及配置数量。充电站充电系统的总容量需求可表示为:

$$S_{NSD} = (1 + \gamma_S) \cdot N_S \cdot S_D \tag{6-25}$$

式中:S_{NSD}——电动公交充电站充电系统总容量(VA);

γ_S——充电站设计富余容量(%)。

3）电池快速更换系统规模

电池快速更换系统由电池快速更换机和更换机运行轨道两部分组成。其中，电池快速更换机数量主要取决于同时更换电池的最大车辆数。在现有技术条件下，要完成一辆电动公交车的电池更换，需要两台电池快速更换机同时工作。因此，电池快速更换机的数量可表示为：

$$N_{Robot} = 2 \cdot N_{Emax} \tag{6-26}$$

式中：N_{Robot}——电池快速更换机所需数量（个）；

N_{Emax}——同时更换电池组的最大车辆数（辆）。

4）动力电池组配置规模

在电池快速更换的供能模式下，电动公交车辆运行时可配置一定数量的备用电池组，以弥补电池组"续驶里程短、充电时间长"的不足。对于电动公交线路，电池组配置的规模可表示为：

$$N_{Battery} = N_{Vehicle} + N_S \tag{6-27}$$

式中：$N_{Battery}$——电动公交线路电池组配置规模（组）；

$N_{Vehicle}$——电动公交线路配车数（辆）；

N_S——备用电池组配置规模（组）。

由上文可知，所有车辆的换电起始时刻存储在数组 $ExchangeS(h,n)$ 中，所有电池组的充电开始和结束时刻存储在数组 $Charge = [ChargeS, ChargeE]$ 中，通过判断换电时刻是否存在充电结束的电池组，可得备用电池数量计算流程如图6-15所示。

该算法的计算流程如下：

(1) 参数初始化：初始备用电池组数量 $N_s = 0$，待检测的电池组编号 $i = 1$。

(2) 执行电池组更换：当模拟时间指向电池组更换时刻时，则执行电池组更换命令。

(3) 判断剩余可用电池组数：若 n 号车第 h 次换电起始时刻小于第 i 组电池组充电结束时刻，则说明此时刻没有电池组处于待命状态，因此需要增加一组备用电池组，即备用电池数目更新为 $N_s = N_s + 1$；否则说明当前换电时刻，已有之前充的电池组完成充电，则不进行电池组数目更新操作，将待检测的电池组编号指向下一组电池组，即 $i = i + 1$。

(4) 返回备用电池数目 N_s：整个操作流程按电动公交线路运行时间轴进行，直至全天运营结束，则返回备用电池组数 N_s。

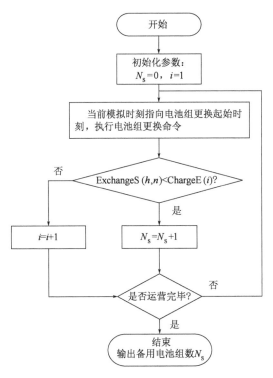

图 6-15 电动公交充电站备用电池规模计算流程

6.3.4 纯电动公交系统运营仿真实例

纯电动公交系统是一个包含公交车辆、电池组、充电基础设施的复杂系统,其运营涉及公交车辆、备用电池组、快换机构、充电机等要素的状态、信息,以及各要素之间的配合,数据量十分庞大。显然,这是手工计算无法求解的问题。本书将建立一个数字仿真平台,模拟并记录纯电动公交系统一天的运营情况,可作为规划设计的辅助工具。

1) 仿真原理

以时间轴为基准,在 MATLAB 编程环境下,利用其强大的矩阵处理功能,编写纯电动公交系统运营仿真程序,仿真流程图如图 6-16 所示。

首先输入包括车辆、电池、线路、运营调度等信息的基础数据,分别存储在数组变量中以待调用。24h 制转化为 1440min 制,把运营时间按发车间隔划分为以分钟为单位的不同发车时段(如 7:00—9:00 表示为 420~540min),通过条件循环语句逐个模拟各个发车时段,作为运营时间轴。结合上述公交车运行规则和充电机制,在每个发车间隔内使用循环嵌套算法仿真纯电动公交系统的运营。

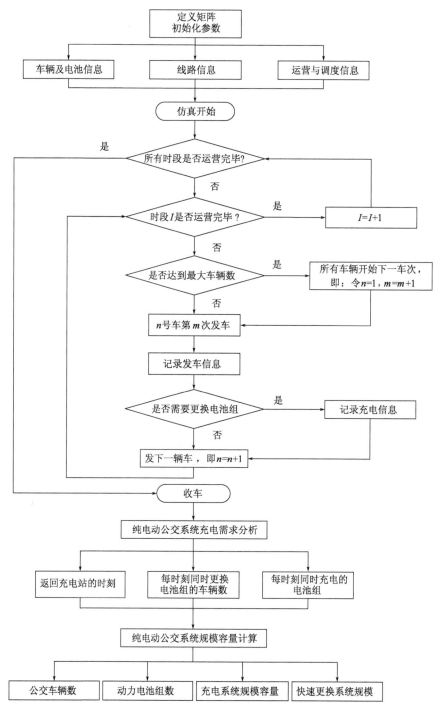

图 6-16 仿真流程图

当仿真开始时,该程序将运算并记录电动公交系统全天的运营状态,将各个时刻车辆、电池及充电等信息分别存储在多维数组变量中。输出参数包括:每辆公交车更换电池组的时刻,每组动力电池更换的开始时刻、结束时刻,每组动力电池充电的开始时刻、结束时刻。仿真结束后,通过矩阵可视化分析充电站充电需求,统计得到可同时更换电池组的最大车辆数、可同时充电的最大电池组数等。根据6.3.3节的研究,快速更换机器人的数量等于同时更换电池组的最大车辆数,充电机的数量等于同时充电的最大电池组数,进而可计算纯电动公交系统的规模容量。

2）实例概况

下面以上海世博会电动公交系统为案例,利用上述仿真平台模拟一整天的运行情况,并将实际值与仿真值对比,进而验证该仿真平台的有效性。

举世瞩目的中国2010年上海世博会已完美谢幕。贯穿始终、服务世博会的1147辆新能源汽车作为世博会一道亮丽的风景线,成功地经受了7300多万名游客的检阅,同时也是世界上最大规模的节能与新能源汽车集中示范,实现了上海世博会园区内公共交通"零排放"和园区周边交通"低排放"的目标。

为保障世博会新能源公交车的示范运行,在世博园区内配套新建1座纯电动公交车快速充换电站及相应维修、停车场地,1条超级电容公交车充电线路的候车充电站,1座超级电容公交车的变电整流供电站及相应维修、停车场地。这些配套基础设施的建立,为新能源公交车的安全、可靠运营提供了基础保障。

位于世博园内白莲泾的纯电动公交车快换充电站,设有纯电动公交车专用充电站厂房、维修厂房、检修厂房和综合办公房各1幢,以及可停放120辆纯电动公交车的场地。纯电动公交车充电站通过专用充电架和电池快换专用机器人,可对纯电动公交车的电池进行快换充电。目前,快换电池的速度经过一段时间的试运营及正式运营,达到10min/车,已很接近设计的8min/车的速度。

充电站的设施规模见表6-2。

充电站基本参数情况表 表6-2

项目	厂房面积	服务车辆	备用电池及储存架数量	快速更换设备数量	充电机数量	变配电设备	运力	现场服务周期
参数	3400m²	120辆	112套	8套	9kW,392套 30kW,112套	4×2000kV·A 1×800kV·A 及相应配电设备	高峰 24000人次/h	184d

世博园区内共布设4条地面公交线路,分别为世博大道越江线、世博大道线、世博国展线、龙华东路线。120辆纯电动公交车分别投放于世博大道越江线、世博国展线、龙华东

路线。本书将主要对这 3 条纯电动公交线路进行仿真分析,各条线路的运行概况见表 6-3。

纯电动公交线路概况　　　　　　　　　　　　　表 6-3

线路名称	线路功能	线路及站点设置	单向线路长度（km）	首末站去充电站的最短距离（km）
世博大道越江线	连接浦东与浦西园区,以承担园区越江交通为主,兼顾浦东园区区域交通	①后滩出入口站;②欧洲区站(南);③世博轴站;④亚洲区站;⑤亚洲联合馆一站;⑥企业馆;⑦高科西路站;⑧世博文化中心站;⑨世博中心站;⑩欧洲区站(北);⑪后滩出入口站	6.7	3.3
世博国展线	世博国展线在国展路上(世博轴—后滩路)运行,主要服务于浦东园区区域交通	①世博轴站;②主题馆站;③长清北路站;④欧洲区站;⑤后滩出入口站;⑥美洲区站;⑦世博轴站	1.8	1
龙华东路线	主要服务于浦西园区区域交通	①城市最佳实践区站;②L1 轮渡码头站(北);③企业馆站;④铁路馆站(北);⑤太空馆站(北);⑥城市足迹馆站;⑦L3 轮渡码头站;⑧太空馆站(南);⑨铁路馆站(南);⑩船舶馆站;⑪L1 轮渡码头站(南);⑫城市最佳实践区站	2.65	3

世博会每日的运营时间为 9:00—24:00,因此园内公交的运营时间也是 9:00—24:00。根据园内客流变化规律,其高峰时段划分大致为:早高峰 10:00—11:00,午高峰 14:30—15:30,晚高峰 20:00—21:00。根据各条线路的客流需求确定表 6-4 中的发车间隔。

各线路运营调度情况　　　　　　　　　　　　　表 6-4

运营参数		世博大道越江线	世博国展线	龙华东路线
各时段发车间隔（min）	9:00—10:00	1	1	3
	10:00—11:00	0.5	0.5	2
	11:00—13:00	1.5	1.5	3
	13:00—14:30	2	2	3
	14:30—15:30	0.5	0.75	2
	15:30—20:00	2	1.5	3
	20:00—21:00	0.5	0.75	2
	21:00—23:00	2	2	3
	23:00—24:00	3	3	4

续上表

运营参数	世博大道越江线	世博国展线	龙华东路线
每天运营车次(往返次数)	760	725	325
全程平均速度(km/h)	24	20	20
单位车次(往返)全程运行时间(min)	33.5	10.8	15.9

车辆及电池组技术参数参照世博电动公交车标准,具体参数设置如下:

(1)电池组容量:360Ah。

(2)电池组最大电压:440V。

(3)最大充电电流:100A。

(4)车辆理论续驶里程:100km。

(5)最小 SOC:30%。

(6)单体蓄电池数量:104 节,其中 16 节/箱×3 箱,8 节/箱×7 箱。

(7)电池更换时间:10min。

(8)充电倍率:0.3C。

(9)充电机效率:$\eta(t)=0.85$。

(10)充电机无功损耗:$\varphi=0.9$。

(11)充电机设计富裕容量:$\gamma=10\%$。

其中,充电机效率、无功损耗及设计富裕容量的取值参考了相关研究报告、论文、技术手册和行业规范。

3)运营仿真

(1)充电需求分析。

利用上述程序同时仿真 3 条纯电动公交线路一整天的运营,可得所有电动公交车返回充电站更换电池的时刻分布,如图 6-17 所示。

从图 6-17 可以看出,电动公交车辆全日返回充电站的高峰出现在 13:00—14:00、18:00—19:00 以及 24:00—1:00 时段。其中,在 24:00—1:00 时段内,所有车辆结束运行,返回充电站完成收车。车辆收车时,由于该车辆已完成全天运行任务,被换下的动力电池组无须即刻进行电能补充。因此,本节在计算充电站内充电系统设施容量时,不考虑车辆收车后电池组的充电情况。

根据更换电池组的时刻和换电时间,可得充电站内同时更换电池组的车辆数的分布如图 6-18 所示。

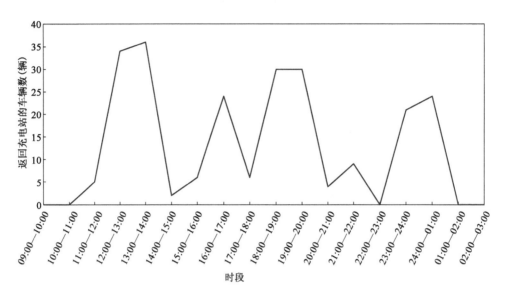

图 6-17　公交车返回充电站的时段分布

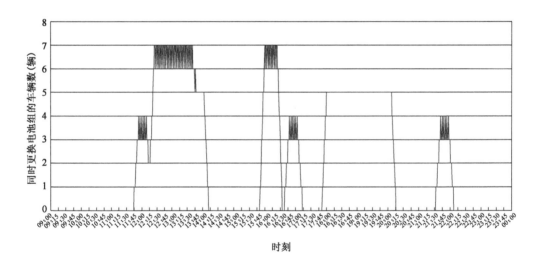

图 6-18　同时更换电池组的车辆数

从图 6-18 可以看出,在充电站正常运营时间内,同时更换电池组的最大车辆数为 7 辆。

统计记录每组更换下来的电池组的充电时间,可得同时充电的电池组数量的时间分布如图 6-19 所示。

从图 6-19 可以看出,充电站正常运营时间中,动力电池组的充电高峰出现在 13:15—15:00 以及 19:30—21:00。充电站内同时充电的最大电池组数量为 77 组。

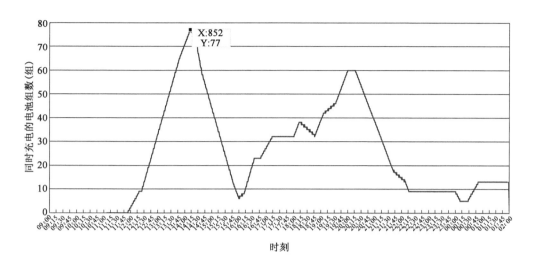

图 6-19 同时充电的电池组数

(2) 充电站设施容量计算。

在电池组分箱充电模式下,电池组充电单元是电动公交车辆充电站进行电池组充电的基本工作单元。根据动力电池组的编组情况及参数配置,在世博会示范运行期间,单组动力电池充电时,所需配置的电池组充电单元的容量为:

$$S_D = (1 + \gamma_C\%) \cdot \frac{P_{max}}{\eta_{max} \cdot \varphi} = (1 + 10\%) \times \frac{440 \times 100}{0.9 \times 0.85} \times 10^{-3}$$

$$= 63 \text{kV} \cdot \text{A} \tag{6-28}$$

参照世博会充电站单体充电机容量配置,则每个电池组充电单元共需配置 4 台 9kW 充电机和 1 台 30kW 充电机,即将它们编为一组,为电池组提供电能补给服务。

由前文可知,充电站内同时充电的最大电池组数量为 77 组,因此,充电站共需配置电池组充电单元 77 组,即共需 9kW 充电机 308 套,30kW 充电机 77 套。

根据式(6-28),充电站充电系统总容量为:

$$S_{NSD} = (1 + \gamma_S\%) \cdot N_S \cdot S_D = (1 + 10\%) \times 77 \times 63$$

$$= 5336.1 \text{kV} \cdot \text{A} \approx 5.3 \text{MV} \cdot \text{A} \tag{6-29}$$

电动公交充电站内电池组更换机构的配置数量与同时更换电池的最大车辆数有关。由前文可知,充电站运营时间内同时更换电池组的最大车辆数为 7 辆。因此,该充电站共需 7 套(14 台)电池快速更换机器人。

根据上述算法计算得到电动公交充电站的动力池组配置规模见表 6-5。

动力电池组配置规模 表6-5

线路名称	配车数(辆)	备用电池组数(组)	电池组总数(组)	电池组数/车辆数
世博大道越江线	68			
世博国展线	23	100	77	177	1.77
龙华东路线	9			

4)仿真对比

将电动公交系统程序仿真值与运营实际值对比,结果见表6-6。

电动公交系统运营参数对比表 表6-6

项目	公交车辆运行参数		充电站运行参数		
	公交车日均行驶里程(km)	公交车日均换电次数(次)	电池组日均充电次数(次)	电池组单次放电平均行驶里程(km)	电池组单次平均充电时间(min)
仿真值	160.5	2.3	1.3	69.5	119.8
实际值	181.4	2.7	1.4	67.8	118.5
误差	−11.52%	−14.81%	−7.14%	2.51%	1.10%

由表6-6可见,本章提出的仿真程序较好地模拟了世博会示范运行期间园内电动公交车辆及充电站的运行情况。其中,程序计算所得的电动公交车辆及充电站的各主要运行参数与世博会示范运行期间车辆及充电站运行的实际值保持了较好的一致性。各主要参数中,程序计算值与世博会实际值的误差均保持在15%以内。这验证了本章提出的算法及程序的有效性。

通过本章提出算法及计算程序得到电动公交系统配置规模与世博会实际运行期间电动公交系统配置对比见表6-7。

充电站设施容量对比表 表6-7

项目	电动公交车辆	充电站规模			电力配置	
	配车数(辆)	充电机数量(套)	电池快换机构(套)	电池组配置总数(组)	配电容量(MV·A)	充电机利用率(%)
仿真值	100	308套(9kW) 77套(30kW)	7	177	5.5	44.9
实际值	120	392套(9kW) 112套(30kW)	8	232	8	33.02
误差	−16.67%	−21.43%	−12.50%	−23.71%	−31.25%	35.98%

由表6-7可见,利用本章提出的算法及程序计算而得的充电站设施容量,在车辆、充电站主要运行参数相近的前提下,仿真所得世博会充电站动力电池组、电池组充电单元的配置数量较世博会充电站实际配置略有减少。这表明了在世博会示范运行期间,出于世博会示范运行的特殊性及车辆、电池组运行可靠性等因素的考虑,园区内电动公交车充电站设施容量存在一定冗余,利用本章提出的算法及程序可显著减小电动公交车充电站的设施容量,同时还可提高充电机的利用率。

6.4 LNG道路货运汽车推广与基础设施规划

虽然我国的货车数量远不及客车,但在道路运输的总体排放量中货车占据较大份额。在我国道路运输产生的二氧化碳(CO_2)、细颗粒物(PM2.5)与氮氧化物(NO_x)排放量中,货车的排放比例分别为60%、90%与60%。我国货车的油耗也比发达国家高30%左右。因此,在道路货运行业推广清洁能源车辆逐步替代高排放的柴油车,是低碳交通发展的必经之路。

由于液化天然气(Liquefied Natural Gas,LNG)污染物排放因子较低,能量存储密度大、燃烧性能好,因此是一种在货车上使用的理想清洁燃料。在货运行业推广使用液化天然气可有效缓解环境污染以及燃油供应紧张局面,并且可以极大地降低货车燃料成本。

6.4.1 发展LNG汽车的意义

1)环境效益

汽车工业的高速发展不仅带来了对石油需求量的激增,而且引发了日益严重的环保问题。机动车已成为排放CO_2、CO、NO_x、C_xH_y等物质的一大污染源。目前中国的CO_2排放量已高居世界第二,而CO_2是引发温室效应、引起全球气候不正常变化的罪魁祸首。以汽油、柴油为燃料的汽车,排放的废气含有大量对环境造成严重污染的物质,特别是废气含有苯和多环芳烃等强致癌物质,对人体有极强的危害,机动车废气污染已成为世界各大城市严重的环境问题。而天然气汽车能有效减少汽车废气中的有害物的排放量,对改善城市大气环境能发挥巨大的作用(表6-8)。

同样负载下汽车使用不同燃料的污染物指标对比表　　　　表6-8

燃料类型	汽车废气污染物相对量(%)(以汽油各项指标排放为基准)					
	一氧化碳	碳氢化合物	氮氧化物	PM(颗粒物)	氧化铅	其他有害物质
汽油	100	100	100	100	100	100
柴油	20~40	10~20	45~60	>1000	无	50
液化石油气(LPG)	10~20	20~40	50~70	60	无	3-10
CNG	2~10	10~20	30~40	微量	无	无
LNG	1~4	8~18	25~35	无	无	无

可见,汽油、柴油汽车的排放性能较差,各类污染物指标均高于燃气汽车,同时存在着PM方面的污染。燃气汽车在CO和HC等方面优势较为明显,特别是对于PM的控制效果非常明显。与燃气汽车相比较而言,天然气(LNG、CNG)汽车的环保性优于LPG汽车,对于环保的贡献率更高,特别在氮氧化合物排放的控制上效果较好。因此,天然气汽车,尤其是LNG汽车是减少城市环境污染的理想交通工具,属于国家鼓励发展的节能减排环保项目。

目前,用作汽车燃料的天然气大多是以压缩天然气(CNG)的形式存储的,天然气在常态下压缩并存储在20MPa以上的高压罐内,因而储罐体积较大,对强度和安全性的要求高。从实用效果上看,液化天然气(LNG)占用体积小、能量存储密度大、燃烧性能好、热值高和一次充灌行驶里程长,较之CNG更适合用作汽车燃料。此外,存储在-162℃低温下的LNG,具有大量的冷能,可将其冷能回收用于汽车空调或汽车冷藏车,这样就无须给汽车单独配备机械式制冷机组,既节省了投资,又消除了机械制冷带来的噪声污染,具有节能和环保的双重意义,是一种真正意义上的"绿色"汽车,尤其适用于设在城市中心地带的商业步行街或其他有噪声污染限制的地区。

2)社会效益

(1)优化能源结构,缓解燃油供应紧张局面。

随着我国经济建设的步伐不断加快,国内对原油的需求量越来越大,而国际原油价格又在日益上涨,导致我国原油供应紧张,为缓解这种紧张局面,急需寻找替代燃料。数据显示,20世纪末以来,我国石油产量一直在15000万t左右徘徊。1993年我国成为石油的净输入国,近年我国石油进口量仍急剧增加,2012年我国的对外石油依存度已经达到57%。而机动车就消耗了石油需求量的近2/3。为规避汽车消耗资源造成的风险,各国均在寻求车用燃料的替代解决方案。其中,技术最成熟、资源依托最为可靠的就是天然气。

目前,深圳市绝大多数机动车使用的燃料为汽油和柴油,机动车辆高度依赖汽油、柴油,燃油供应紧张的情况不断出现,已制约了社会经济的持续发展,急需改变目前这种汽车对汽油、柴油过分依赖的局面,优化能源结构,为社会经济的持续发展提供活力。而天然气作为一种优质、洁净的能源,是一种理想的汽车燃料。大力发展天然气汽车,加大天然气在社会能源结构中的比例,能有效地缓解社会经济发展对燃油的依赖程度,从而优化能源结构。

(2)提高安全性。

LNG 是天然气经净化处理(脱除重烃、硫化物、CO_2、水等)后,在常压下深冷至 $-162℃$,由气态转变成液态天然气。与各燃料的安全性对比见表6-9。

各燃料安全性对比表 表6-9

燃料类型	燃点(℃)	爆炸极限(%)	扩散性
汽油	247	1.0~7.6	不易扩散
柴油	206	0.5~4.1	不易扩散
LPG	466	2.4~9.5	不易扩散
LNG	650	5~15	易扩散

由表6-9可知,LNG 的燃点为650℃,比汽油、柴油、LPG 的燃点高;LNG 的点火性能也高于汽油、柴油、LPG,所以比汽油、柴油、LPG 更难点燃;LNG 的爆炸极限为5%~15%,且汽化后密度很低,只有空气的一半左右,因而稍有泄漏即挥发扩散,而 LPG 的爆炸极限为2.4%~9.5%,燃点为466℃,且汽化后密度大于空气,泄漏后不易挥发,汽油爆炸极限为1.0%~7.6%,燃点为427℃,柴油爆炸极限为0.5%~4.1%,燃点为220℃。由此可见,LNG 汽车比 LPG、汽油、柴油汽车更安全。

(3)培育新的经济增长点。

发展代用燃料汽车,对相关产业有一定的带动作用,以其为龙头的相关配套设备的开发和生产,将会形成一个不小的产业群,对相关产业的带动作用是十分明显的。

目前,我国 LNG 加气站相关设备制造技术成熟,与加气站配套的 LNG 运输车船,下游的 LNG 汽车发动机和车载瓶、配件加工、整车装备、维修技术都已经实现国产化,且相对成熟。

3)经济效益

2014年10月14日深圳地区的柴油价格是7.84元/L,液化天然气价格是4.03元/m^3,每升油与每立方米天然气所提供的动力基本一致。由此可以看出,用液化天然气可以节约相当大比例的燃料成本。

$$燃料成本 = 单位燃料价格 \times 月均行驶里程 \times 百公里耗油量/100 \qquad (6-30)$$

按拖车行业成本调查数据,集装箱拖车月均行驶里程约为7200km,百公里耗油量为32L,按式(6-30)可以得出每月油耗成本为1.8万元,若改用LNG车辆,每月纯燃料使用成本可节约8778元左右。

LNG相对于电、轻油、重油、人工煤气等,单位热值所支付的购买价是最低的。同时,LNG车辆减小了燃料系统的尺寸及质量,增大了车辆有效荷载及一次加气后的续驶里程(重型货车如配备2个450L的储液罐,加注LNG后重载行程一次能达到1000km)。由于加气次数的减少,节省了汽车往返加气的时间,从而降低了汽车的运营成本,提高了车主的收益。

此外,LNG燃料燃烧完全度高,热效率可以提高7%~12%,使用LNG燃料可以提高单位能源的功率,延长发动机的寿命,降低维修费用,降低车辆磨损度等,也为企业在车辆使用过程中降低成本。

6.4.2 深圳LNG道路货运汽车推广案例分析

1) 深圳LNG道路货运汽车发展现状

截至2012年底,深圳市共有道路货运车辆140551辆(含无动力的集装箱挂车约27522万辆)。按车型划分:小型货车61655辆,占43.8%;中型货车2294辆,占1.6%;大型重型货车76602辆,占54.6%。按使用年限划分:投入使用时间在3年以内的车辆有66388辆,占47.2%;使用时间为3~8年的有50284辆,占35.8%;使用时间为8年以上的有23879辆,占17.0%。2012年期间,深圳市营运货车更新替代率约为5%(注销7808辆营运货车,新增14914辆)。

然而,LNG货车的发展却处于滞后状态,目前仅有1600辆LNG货车应用于深圳市道路货运行业,市场占有率不足2%。根据行业的特点和服务范围,深圳市道路货运行业又可分为6个运输行业,分别是港口内拖运输(只在港口内运行)、道路集装箱运输(主要服务于珠三角区域内的港口集装箱集疏运)、自卸车运输(服务于深圳市内的工程建设)、工程搅拌车运输(服务于深圳市内的工程建设)、普通货运(服务于城市货运配送)以及道路危险品运输(主要服务于珠三角区域内的危险品生产、消费企业),各运输行业的LNG运行情况见表6-10。

深圳市 LNG 道路货运汽车运行数据　　　　　　　　　表 6-10

行业	车辆数（辆）	LNG 车辆数（辆）	日均行驶里程（车·km/d）	百公里耗气量（标方/百公里）	日均耗气量（标方/d）
港口内拖运输	1000	700	—	—	86
道路集装箱运输	28000	400	240	36	86
自卸车运输	2500	100	165	69	114
工程搅拌车运输	3000	200	165	69	114
普通货物运输	80000	100	200	32	64
道路危险品运输	2500	100	200	32	64
总计	117000	1600			

注：标方的全称为标准立方米，表示在特定的标准条件（如温度、压力等）下的气体体积。

2）深圳 LNG 加气站建设情况

LNG 加气站有多种形式，主要分为 3 类：标准式加气站（LNG 加气站和 L-CNG 加气站、LNG/L-CNG 加气站）、撬装式加气站（地面式撬装站和移动加液车）以及加油加气合建站（LNG 加气站、L-CNG 加气站、LNG/L-CNG 加气站与加油站合建站）。

（1）标准式加气站。

标准式加气站把站内设备平铺安装在地面，LNG 储罐容积大（一般在 50m³ 以上），占地面积为 5~7 亩（合 3333.3~4666.7m²），可配置多台加气机，能满足较多 LNG 汽车加气。主要优点是加气速度快，一般可在 3~5min 内加气完毕，缺点是占地面积大、建设周期较长、投资较高（图 6-20）。

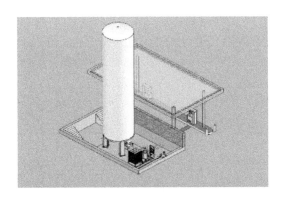

图 6-20　标准式加气站

（2）撬装式加气站。

撬装式加气站适用于临时及应急使用情况。由于 LNG 储罐容量不大、加气规模较小,相对于固定式加气站,具有工艺流程简单、建设周期短、投资少等特点,非常适合用汽车搬运,可根据市场需求随时改变加气站地点,对处于规划建设阶段的城市尤为适宜(图6-21)。

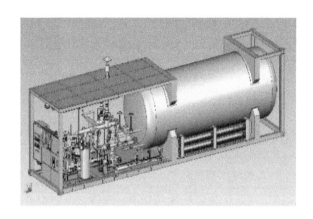

图 6-21　撬装式加气站

(3) 油气合建站。

"油气合建站"是汽车加油站与天然气汽车加气站合建站的简称,油气合建站的优势包括:减少城市危险性场所,利于城市居民安全;节约土地,减少土地供应压力;节约人力,方便管理;油气并用,方便车辆;可改造现有加油站,解决加气站选址难的问题(图6-22)。

图 6-22　油气合建站

截至2012年底,仅深圳港区内已建成撬装式LNG加气站5座,可满足港口内拖车加气使用需求;市区内已建成的几座LNG加气站几乎均为能源公司与公交客运用气单位的合建自用撬装站,没有专门为货运行业提供加气服务的经营性LNG加气站。深圳市3类加气站的建设运营情况见表6-11。

深圳市 LNG 加气站建设运营情况　　　　　　　　　　表 6-11

加气站类型	建设成本（万元）	供应能力（千标方/d）	规划控制面积（m²）	已有数量（个）
标准式加气站	1000	15～50	3000	0
撬装式加气站	355	10～20	1000	5
油气合建站	800	10～-15	100	0

3）深圳 LNG 道路货运汽车发展规划

（1）LNG 车辆增长预测。

目前 LNG 货车在道路运输行业发展才刚刚起步,由于社会和用户资源有限,任何新事物的发展都应该遵循 S 形增长曲线的规律。因此,本书提出将深圳道路货运行业 LNG 汽车推广分为培育期、发展期、成熟期、稳定期 4 个阶段。应该分别制定各个发展阶段的 LNG 汽车推广目标,并规划加气站的发展与布局(表 6-12)。

道路货运市场 LNG 汽车占有率情景假设　　　　　　　表 6-12

行业	低水平情景			中等水平情景			高水平情景		
	2016 年	2020 年	2024 年	2016 年	2020 年	2024 年	2016 年	2020 年	2024 年
港口内拖运输	75%	90%	100%	80%	100%	100%	90%	100%	100%
道路集装箱运输	10%	45%	65%	20%	60%	80%	30%	70%	90%
泥头车运输	20%	50%	70%	30%	70%	90%	45%	80%	100%
工程搅拌车运输	25%	60%	80%	35%	80%	100%	50%	90%	100%
普通货物运输	1%	7%	12%	3%	14%	20%	5%	24%	30%
道路危险品运输	20%	50%	70%	30%	70%	90%	45%	80%	100%
总计	5%	20%	30%	10%	30%	40%	15%	40%	50%

①培育期(2012—2016 年):起初各行业对 LNG 货车的认可度不高,抱着观望态度。政府应推出鼓励政策和补贴办法,以提供 LNG 货车推广的良好环境。在此阶段,各项配套保障还不完善,不应制定过高的推广目标。

②发展期(2016—2020 年):经过培育期的过渡,深圳在道路货运行业大力推广 LNG 货车的基础条件已初步具备,各行业也已经意识到 LNG 货车的优势,因此在此阶段 LNG 货车将呈指数增长趋势。

③成熟期(2020—2024 年):LNG 车辆及加气站等各项技术已发展成熟,市场规模也逐渐趋于饱和,因此在此阶段 LNG 货车增长速度将变缓。

④稳定期(2024年以后):受用户、土地及LNG气源等资源的限制,LNG货车数量将达到上限,加上其他新技术的发展,如氢能、电动汽车的市场竞争,LNG货车的数量将基本保持稳定不再增长。

各货运行业的推广比例是基于行业推广难度确定的。例如港口内拖行业,LNG货车的使用效果较好,园区内加气方便,行业积极性高,因此推广比例较高。自卸车、工程搅拌车、道路危险品运输等行业,受到政府的强力监管,政府可强制性规定只允许用LNG车辆新增运力。道路集装箱运输使用LNG货车可大大降低成本,且车辆更新较快,因此推广阻力相对较小。而普通货物运输行业由于企业较为分散,多为小型物流公司,难以承受短期LNG货车增加的成本,且由于LNG具有挥发性,不适用于短距离运输,因此LNG货车在普通货运行业的推广比例受到限制。

(2)LNG加气站规划。

根据6.2.1节中的数据,可计算得到2012年货车总数量的净增长率约为5%。因此,若深圳道路货运行业在10年内无重大政策变化,本书假设今后每年各货运行业的车辆数净增长率稳定在5%左右。以2012年作为基准年,可计算i行业j年的车辆数如下:

$$N_i^j = N_i^{2012} \times (1+5\%)^{(j-2012)} \tag{6-31}$$

大部分LNG货车平均每3d加一次气,因此根据各运输行业LNG货车渗透率及日均耗气量,可计算第j年每日深圳道路货运行业总加气需求:

$$D^j = \frac{1}{3} \times \sum_{i=1}^{6} N_i^j \times P_i^i \times C_i \tag{6-32}$$

根据上文可知,有三类具有不同适用条件的加气站,应根据不同阶段的特点规划不同的发展路径,即不同阶段三类加气站建设优先权不同(表6-13)。

加气站建设优先权系数　　表6-13

j	2016年	2020年	2024年
w_1	3	1	1
w_2	1	1	1
w_3	2	2	1

分别取标准式加气站设计规模为3万标方/d,撬装式加气站设计规模为2万标方/d,加油加气合建站设计规模为1.5万标方/d。以建设成本最小化为目标建立以下模型,则可通过线性规划求解满足不同阶段加气需求应建设完成的加气站数量。

$$\min Co^j = \sum_{t=1}^{3} X_t^j \times C_i$$

$$\text{s. t.} \begin{cases} \sum_{i=1}^{3} X_t^j \times S_t \geq D^j \\ w_2^j X_2^j \leq w_1^j X_1^j \\ w_2^j X_2^j \leq w_3^j X_3^j \\ \text{int}(X_t^j) \end{cases} \tag{6-33}$$

根据三类加气站的数量和用地面积,可计算得出满足加气站建设所需要的土地面积为:

$$L^j = \sum_{t=1}^{3} X_t^j \times L_t \tag{6-34}$$

(3) 规划方案。

基于2012年深圳道路货运行业的车辆数和三个情景的推广目标,可计算得出不同情景下目标年的LNG货车推广目标和加气需求,见表6-14。

不同情景下不同行业的LNG货车推广目标加气需求 表6-14

情景		低水平情景			中等水平情景			高水平情景		
		2016年	2020年	2024年	2016年	2020年	2024年	2016年	2020年	2024年
LNG货车数(辆)	港口内拖运输	912	1330	1796	972	1477	1796	1094	1477	1796
	道路集装箱运输	3403	18616	32685	6807	24821	40227	10210	28958	45256
	泥头车运输	608	1847	3143	912	2586	4041	1367	2955	4490
	工程搅拌车运输	912	2659	4310	1276	3546	5388	1823	3989	5388
	普通货物运输	972	8274	17240	2917	16548	28734	4862	28367	43101
	道路危险品运输	608	1847	3143	912	2586	4041	1367	2955	4490
	总数	7415	34572	62316	13796	51563	84226	20724	68702	104519
总加气需求(标方)		215	959	1706	388	1395	2262	578	1805	2739

根据上述公式,可得出不同情景下的加气站规划建设方案,如图6-23所示。在低水平情景中,深圳仅需要在2016年前建设完成11座LNG加气站,在2020年前完成41座,在2024年前完成77座;在中等水平情景中,分别需要建设完成19座、61座和103座;而在高水平情景中,分别需要建设完成28座、79座和123座。图6-23还显示,在不同阶段,不同类型的加气站发展优先权不同。在培育期(2012—2016年),应优先推广占地面积少、施工周期短、建设成本低的撬装式LNG加气站。虽然撬装式加气站在用地和建设上拥有许多优势,但由于其规模小,大多为能源企业与货运企业定向合作建设,非公共运营性质,建设不规范,存在安全隐患。因此,取得城市加气站规划用地后,在发展期(2016—2020年)应大力建设标准式加气站,尽快形成全市LNG加气站网络。到了成熟

期(2020—2024年),由于土地资源变得越来越紧张,此时应该尽量改造已有加油站,重点建设油气合建站,以节约土地。

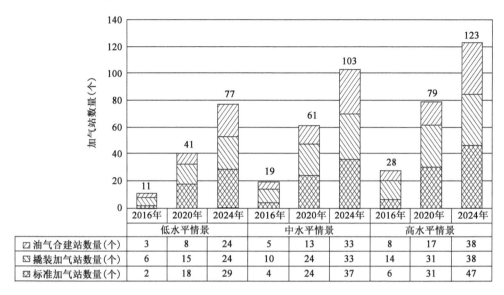

图 6-23 3 种情景下的最优建站计划

3 个情景中的加气站总成本和土地利用面积分别如图 6-24、图 6-25 所示。在低水平情景中,达到稳定期(2024 年)前所需要投入的建设成本一共是 5.67 亿元,并需要投入建设用地 11.3km^2;在中等水平情景中,分别需要 7.51 亿元和 14.7km^2;在高水平情景中,分别需要 9.09 亿元和 18.3km^2。可见,要实现越高的 LNG 货车渗透率,在 LNG 加气站建设上所需投入的成本和土地面积越高。

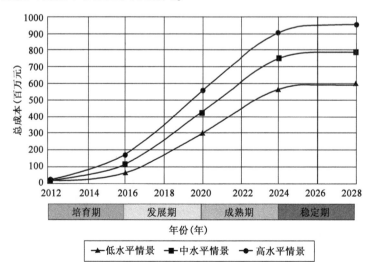

图 6-24 LNG 加气站建设成本曲线

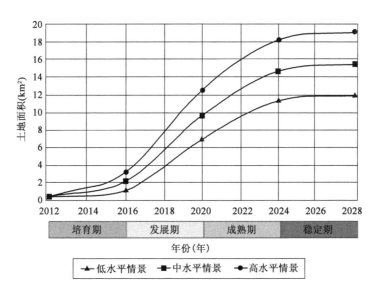

图 6-25 LNG 加气站建设面积曲线

另一方面,不同阶段建设加气站所需要的成本和土地也不同。在培育期,由于优先建设撬装式加气站,因此所需成本和土地面积最少;在发展期,LNG 货车开始快速增长,且优先建设标准式加气站,因此所需成本和土地面积迅速增加;在成熟期,受到土地资源的限制,开始大力建设合建站,因此土地面积增长减缓,而成本依然增长较快;进入稳定期后,完善的加气站网络已形成,市场达到供需平衡,因此所需土地面积和资金基本不再增加。

参考文献

[1] MENDILUCE M, SCHIPPER L. Trends in passenger transport and freight energy use in Spain[J]. Energy Policy, 2011, 39(10):6466-6475.

[2] KWON T H. The determinants of the changes in car fuel efficiency in Great Britain (1978-2000)[J]. Energy Policy, 2006, 34(15):2405-2412.

[3] TIMILSINA G R, Shrestha A. Transport sector CO_2 emissions growth in Asia: underlying factors and policy options[J]. Energy Policy, 2009, 37(11):4523-4539.

[4] ZHANG M, Li H, Zhou M, et al. Decomposition analysis of energy consumption in Chinese transportation sector[J]. Applied Energy, 2011, 88(6):2279-2285.

[5] PAPAGIANNAKI K, DIAKOULAKI D. Decomposition analysis of CO_2 emissions from passenger cars: the cases of Greece and Denmark[J]. Energy Policy, 2009, 37(8):3259-3267.

[6] LOO B P Y, LI L. Carbon dioxide emissions from passenger transport in China since 1949: implications for developing sustainable transport[J]. Energy policy, 2012, 50:464-476.

[7] GUO B, GENG Y, FRANKE B, et al. Uncovering China's transport CO_2 emission patterns at the regional level[J]. Energy Policy, 2014, 74:134-146.

[8] WANG Y, Hayashi Y, Kato H, et al. Decomposition analysis of CO_2 emissions increase from the passenger transport sector in Shanghai, China[J]. International Journal of Urban Sciences, 2011, 15(2):121-136.

[9] RICCIARDI A M, XIA J, CURRIE G. Exploring public transport equity between separate disadvantaged cohorts: a case study in Perth, Australia[J]. Journal of Transport Geography, 2015, 43:111-122.

[10] MARTENS K, DI CIOMMO F. Travel time savings, accessibility gains and equity effects in cost-benefit analysis[J]. Transport Reviews, 2017, 37(2):152-169.

[11] WELCH T F. Equity in transport: The distribution of transit access and connectivity among affordable housing units[J]. Transport Policy, 2013, 30:283-293.

[12] MOLLANEJAD M, ZHANG L. Incorporating spatial equity into interurban road network design[J]. Journal of Transport Geography,2014,39:156-164.

[13] KARLSTRÖM A, FRANKLIN J P. Behavioral adjustments and equity effects of congestion pricing: Analysis of morning commutes during the Stockholm Trial[J]. Transportation Research Part A Policy & Practice,2009,43(3):283-96.

[14] MONZÓN A, ORTEGA E, LÓPEZ E. Efficiency and spatial equity impacts of high-speed rail extensions in urban areas[J]. Cities,2013,30:18-30.

[15] LUCAS K, PANGBOURNE K. Assessing the equity of carbon mitigation policies for transport in Scotland[J]. Case Stud Transp Policy,2014,2(2):70-80.

[16] FRUIN G, SRIRAJ P. Approach of environmental justice to evaluate the equitable distribution of a transit capital improvement program[J]. Transportation Research Record: Journal of the Transportation Research Board,2005,1924:139-145.

[17] GOLUB A. Welfare and equity impacts of gasoline price changes under different public transportation service levels[J]. Journal of Public Transportation,2010,13(3):1-21.

[18] YANG H,ZHANG X. Multiclass Network Toll Design Problem with Social and Spatial Equity Constraints[J]. Journal of Transportation Engineering,2002,128(5):420-428.

[19] 吴开亚,何彩虹,王桂新,等.上海市交通能源消费碳排放的测算与分解分析[J].经济地理,2012,32(11):45-51.

[20] 孙启鹏,贾诗炜,朱磊,等.城市交通能耗动态情景组合分解模型[J].交通运输工程学报,2013,13(3):94-100.

[21] 何彩虹.基于LMDI模型的上海市低碳交通发展研究[D].合肥:合肥工业大学,2012.

[22] 张明.基于指数分解的我国能源相关CO_2排放及交通能耗分析与预测[D].大连:大连理工大学,2009.

[23] 姬文哲.天津市交通碳排放计算与减排对策研究[D].天津:天津大学,2014.

[24] 沈丹进.北京市道路客运交通低碳发展路径研究[D].北京:北京理工大学,2015.

[25] 潘海啸,邹为,赵婷.上海轨道交通无障碍环境建设的再思考[J].上海城市规划,2013,2:70-76.

[26] 卓健.中央政府对城市公交建设发展的财政扶持政策——法国的相关政策演变综述及对我国的启示[J].国际城市规划,2014,(6):104-109.

[27] LITMAN T. Evaluating accessibility for transportation planning[R]. Victoria: Victoria Transport Policy Institute,2004.

[28] BERECHMAN J. The evaluation of transportation investment projects[M]. NY:Routledge,2009.

[29] CAGGIANI L, CAMPOREALE R, OTTOMANELLI M. Facing equity in transportation Network Design Problem: A flexible constraints based model[J]. Transport Policy,2017,55:9-17.

[30] KAPLAN S, POPOKS D, PRATO C G, et al. Using connectivity for measuring equity in transit provision

[J]. Journal of Transport Geography,2014,37:82-92.

[31] KARNER A. Planning for transportation equity in small regions: Towards meaningful performance assessment [J]. Transport Policy,2016,52:46-54.

[32] NAHMIAS-BIRAN B H,SHIFTAN Y. Towards a more equitable distribution of resources: Using activity-based models and subjective well-being measures in transport project evaluation [J]. Transportation Research Part A:Policy and Practice,2016,94:672-684.

[33] PEREIRA R H M,SCHWANEN T,BANISTER D. Distributive justice and equity in transportation [J]. Transport Reviews,2017,37(2):170-91.

[34] RICCIARDI A M, XIA J C, CURRIE G. Exploring public transport equity between separate disadvantaged cohorts:A case study in Perth,Australia [J]. Journal of Transport Geography,2015,43:111-122.

[35] VAN WEE B, GEURS K. Discussing equity and social exclusion in accessibility evaluations [J]. European Journal of Transport and Infrastructure Research,2011,11(4):350-367.

[36] 杨庭.广州市交通出行公平研究[D].广州:广州大学,2012.

[37] 唐子来,陈颂.上海市中心城区轨道交通网络分布的社会正义绩效评价[J].上海城市规划,2016,2:102-108.

[38] 张宏达.基于剥夺理论的快速城市化地区公共交通资源配置均衡性研究[D].昆明:昆明理工大学,2015.

[39] LUCAS K. Transport and social exclusion:Where are we now? [J]. Transport policy,2012,20:105-113.

[40] STANLEY J K, HENSHER D A, STANLEY J R, et al. Mobility, social exclusion and well-being: Exploring the links [J]. Transportation research part A:policy and practice,2011,45(8):789-801.

[41] BROWNING C,SIM J. Ageing without driving:Keeping older people connected [M]. Clayton:Monash University Publishing,2007.

[42] DUVARCIA Y,MIZOKAMI S,蒋中铭,等.政策制定中交通弱势群体受抑制需求分析方法[J].城市交通,2010,3:79-94.

[43] MIZOKAMI S,蒋中铭,等.政策制定中交通弱势群体受抑制需求分析方法[J].城市交通,2010,(03):79-94.

[44] VASCONCELLOS E A D. Transport metabolism, social diversity and equity:The case of São Paulo, Brazil [J]. Journal of Transport Geography,2005,13(4):329-339.

[45] NUWORSOO C,GOLUB A,DEAKIN E. Analyzing equity impacts of transit fare changes:Case study of Alameda-Contra Costa Transit, California [J]. Evaluation and Program Planning, 2009, 32 (4): 360-368.

[46] 孙涛,徐捷,陈朝霞.天津市低收入群体公共交通出行研究[J].城市,2008(6):44-46.

[47] 冯燕春,杨涛.城市低收入人群广义出行成本研究[J].大连交通大学学报,2012,33(4):58-61.

［48］ROSCHLAU M W. Public transport policy in Canada and the United States：Developing political commitment from the federal government［J］. Research in Transportation Economics，2008，22（1）：91-7.

［49］MILLER J H. An Evaluation of Allocation Methodologies for Public Transportation Operating Assistance［J］. Transportation Journal（American Society of Transportation & Logistics Inc），1979，19（1）：40-49.

［50］WEINER E. Urban transportation planning in the United States：history，policy，and practice［M］. NY：Springer Science & Business Media，2012.

［51］李晔，卢丹妮，邓皓鹏. 城市公共交通优先发展立法体系国际经验［J］. 城市交通，2013（2）：52-59.

［52］倪亚洲，薛运强，刘彤，等. 基于非集计模型的公交票价弹性研究［J］. 交通运输研究，2013，11：66-67.

［53］姚丽亚，关宏志，严海. 公交票价比对公交结构的影响及方式选择模型［J］. 北京工业大学学报，2007，33（8）：834-837.

［54］吴小莉. 城市公共交通补贴机制探讨［J］. 交通科技与经济，2007，9（6）：100-102.

［55］张一帆. 城市公共交通补贴效率研究［D］. 北京：北京交通大学，2009.

［56］牛翠兰. 城市公共交通补贴机制研究［D］. 西安：长安大学，2008.

［57］蒋金亮，宋瑞，刘杰. 低碳交通下快速公交票价优化研究［J］. 重庆交通大学学报（自然科学版），2011，30（4）：818-822.

［58］赵杰. 公交优先战略下的政策应对［J］. 建设科技，2009，17：24-27.

［59］SANDIDGE M. Developing Sustainable Methods of Distributing Federal Transit Funds［J］. Transportation Research Record：Journal of the Transportation Research Board，2012，2274（1）：23-29.

［60］陈方，戢晓峰，张宏达. 城市化进程中交通公平的研究进展［J］. 人文地理，2014，06：10-17.

［61］CURRIE G. Quantifying spatial gaps in public transport supply based on social needs［J］. Journal of Transport Geography，2010，18（1）：31-41.

［62］DELBOSC A，CURRIE G. Using Lorenz curves to assess public transport equity［J］. Journal of Transport Geography，2011，19（6）：1252-1259.

［63］WELCH T F，MISHRA S. A measure of equity for public transit connectivity［J］. Journal of Transport Geography，2013，33：29-41.

［64］DI CIOMMO F，SHIFTAN Y. Transport equity analysis［J］. Transport Reviews，2017，37（2）：139-151.

［65］MARTENS K，GOLUB A，ROBINSON G. A justice-theoretic approach to the distribution of transportation benefits：Implications for transportation planning practice in the United States［J］. Transportation Research Part A：Policy and Practice，2012，46（4）：684-695.

［66］LUCAS K，VAN WEE B，MAAT K. A method to evaluate equitable accessibility：combining ethical theories and accessibility-based approaches［J］. Transportation，2016，43（3）：473-490.

［67］谢宝贵. 平等主义视野下的分配正义［D］. 上海：华东师范大学，2012.

［68］ 姚大志.平等主义的图谱［J］.吉林大学社会科学学报,2015(3):98-106+74.

［69］ 龚群.罗尔斯的正义原则及其理论意义［J］.中南林业科技大学学报(社会科学版),2009(2):8-13.

［70］ 周谨平.基于机会平等的分配正义［J］.伦理学研究,2011(2):54-59.

［71］ 范佳男.阿玛蒂亚·森的可行能力平等理论研究［D］.天津:天津师范大学,2015.

［72］ BEYAZIT E. Evaluating Social Justice in Transport:Lessons to be Learned from the Capability Approach［J］.Transport Reviews,2011,31(31):117-134.

［73］ VAN WEE B. How suitable is CBA for the ex-ante evaluation of transport projects and policies? A discussion from the perspective of ethics［J］.Transport Policy,2012,19(1):1-7.

［74］ 姚大志.三论分配正义——答段忠桥教授［J］.吉林大学社会科学学报,2013,4:43-48.

［75］ THOMOPOULOS N,GRANT-MULLER S,TIGHT M R. Incorporating equity considerations in transport infrastructure evaluation:Current practice and a proposed methodology［J］.Evaluation and Program Planning,2009,32(4):351-359.

［76］ BILLS T S,SALL E A,WALKER J L. Activity-Based Travel Models and Transportation Equity Analysis［J］.Transportation Research Record Journal of the Transportation Research Board,2012,2320(1):18-27.

［77］ NORDBAKKE S,SCHWANEN T. Transport,unmet activity needs and wellbeing in later life:exploring the links［J］.Transportation,2015,42(6):1-23.

［78］ DUVARCI Y,MIZOKAMI S. A suppressed demand analysis method of the transportation disadvantaged in policy making［J］.Transportation Planning and Technology,2009,32(2):187-214.

［79］ 景晓芬,李世平.城市空间生产过程中的社会排斥［J］.城市问题,2011,10:9-14.

［80］ SEREBRISKY T,GóMEZ-LOBO A,ESTUPIÑÁN N,et al. Affordability and subsidies in public urban transport:What do we mean,what can be done?［J］.Transport reviews,2009,29(6):715-39.

［81］ LUCAS K. Making the connections between transport disadvantage and the social exclusion of low income populations in the Tshwane Region of South Africa［J］.Journal of Transport Geography,2011,19(6):1320-1334.

［82］ 侯成哲,卢银桃,李玮.杭州公共设施调研与分析——基于日常生活服务需求的视角［J］.城市规划,2015,S1:52-58.

［83］ LI Y,DENG H. How Built Environment Affects the Walking Catchment Area of a Rail Transit Station:Empirical Evidence from Shanghai,China［M］.VA:ASCE,2015.

［84］ 冉斌.手机数据在交通调查和交通规划中的应用［J］.城市交通,2013,11(1):72-81.

［85］ CHENG X,LI W,DUAN Z. An Approach to Analyze Human Activity Patterns Based on Cellular Phone Data:A Case Study of Jinhe New Town in Shanghai［M］.VA:ASCE,2015.

[86] CASAL P. Why sufficiency is not enough[J]. Ethics,2007,117(2):296-326.

[87] RAVALLION M. Poverty comparisons[M]. London:Taylor & Francis,1994.

[88] FOSTER J,GREER J,THORBECKE E. A Class of Decomposable Poverty Measures[J]. Econometrica,1984,52(3):761-766.

[89] BOURGUIGNON F. Decomposable Income Inequality Measures[J]. Econometrica,1979,47(4):901-920.

[90] 苑林娅.中国收入差距不平等状况的泰尔指数分析[J].云南财经大学学报,2008,(1):30-37.

[91] 万广华.不平等的度量与分解[J].经济学(季刊),2009,(1):347-368.

[92] SHORROCKS A F. Decomposition procedures for distributional analysis:a unified framework based on the Shapley value[J]. The Journal of Economic Inequality,2013,11(1):99-126.

[92] 倪亚洲,薛运强,刘彤,等.基于非集计模型的公交票价弹性研究[J].交通运输研究,2013,(11):66-67.

[93] 张一帆.城市公共交通补贴效率研究[D].北京:北京交通大学,2009.

[94] 蒋金亮,宋瑞,刘杰.低碳交通下快速公交票价优化研究[J].

[95] RAWLS J. A theory of justice[M]. Cambridge:Harvard university press,2009.

[96] KIM J-K,ULFARSSON G,SOHN K. Transportation Deficiencies for Older Adults in Seoul,South Korea[J]. Transportation Research Record:Journal of the Transportation Research Board,2014,2469(1):76-88.

[97] HJORTHOL R. Transport resources,mobility and unmet transport needs in old age[J]. Ageing & Society,2013,33(07):1190-1211.

[98] MERCADO R,PÁEZ A,NEWBOLD K B. Transport policy and the provision of mobility options in an aging society:a case study of Ontario,Canada[J]. Journal of Transport Geography,2010,18(5):649-661.

[99] HAUSTEIN S,SIREN A. Seniors' unmet mobility needs - how important is a driving licence?[J]. Journal of Transport Geography,2014,41:45-52.

[100] PAULLEY N,BALCOMBE R,MACKETT R,et al. The demand for public transport:The effects of fares,quality of service,income and car ownership[J]. Transport Policy,2006,13(4):295-306.

[101] CHIOU Y-C,JOU R-C,YANG C-H. Factors affecting public transportation usage rate:Geographically weighted regression[J]. Transportation Research Part A:Policy and Practice,2015,78:161-177.

[102] TAYLOR B D,HAAS P,BOYD B,et al. Increasing transit ridership:lessons from the most successful transit systems in the 1990s[M]. San Jose:Mineta Transportation Institute,San José State University,2002.

[103] DELBOSC A,CURRIE G. Exploring the relative influences of transport disadvantage and social exclusion on well-being[J]. Transport Policy,2011,18(4):555-562.

[104] 王伟同.财政能力与横向公平:两种均等化模式关系辨析——兼论中国公共服务均等化实现路径选择[J].经济社会体制比较,2012,06:111-119.

[105] 中国城市交通发展论坛课题组.公交出行分担率及公交优先发展评价研究[J].城市交通,2014,05:11-17.

[106] 凌小静,杨涛,施泉.公交出行分担率指标探讨[J].城市交通,2014,05:26-33.

[107] WSP. Finnish national travel survey. In, Helsinki: WSP Finland [M]. Helsinki: WSP Finland, 2006.

[108] BETTENCOURT L M A, LOBO J, STRUMSKY D, et al. Urban scaling and its deviations: Revealing the structure of wealth, innovation and crime across cities [J]. PLoS ONE, 2010, 5(11): 13541.

[109] BETTENCOURT L M, LOBO J, HELBING D, et al. Growth, innovation, scaling, and the pace of life in cities [J]. Proceedings of the national academy of sciences, 2007, 104(17): 7301-7306.

[110] ALVES L G A, RIBEIRO H V, LENZI E K, et al. Distance to the scaling law: a useful approach for unveiling relationships between crime and urban metrics [J]. PLoS ONE, 2013, 8: 69580.

[111] HENDERSON J V. Understanding knowledge spillovers [J]. Regional Science and Urban Economics, 2007, 37(4): 497-508.

[112] BETTENCOURT L M A. The origins of scaling in cities [J]. Science, 2013, 340(6139): 1438-41.

[113] 李俊生,乔宝云,刘乐峥.明晰政府间事权划分 构建现代化政府治理体系[J].中央财经大学学报,2014,03:3-10.

[114] 冯俏彬,贾康.权益—伦理型公共产品:关于扩展的公共产品定义及其阐释[J].经济学动态,2010,7:34-42.

[115] 汪光焘,陈小鸿.中国城市公共交通优先发展战略[M].北京:科学出版社,2015.

[116] 赵志荣.财政联邦主义下的交通设施投融资[M].上海:上海人民出版社,2015.

[117] 乔瑟·卡洛斯·萨维耶,荷纳多·波阿雷托,卓健.巴西可持续城市机动性政策的实施[J].城市规划学刊,2005,05:108-112.

[118] 赵鹏军,彭建.城市土地高效集约化利用及其评价指标体系[J].资源科学,2001,23(5):23-27.

[119] 张艳.浅谈城市土地的集约化利用[J].中国科技投资,2012(21):20-21.

[120] 陆锡明.亚洲城市交通模式[M].上海:同济大学出版社,2009.

[121] FÁBIO D, CLOVIS U. Making Public Transport and Housing Match: Accomplishments and Failures of Curitba's BRT [J]. Journal Of Urban Planning And Development, Dev. 2012. 138: 183-194.

[122] 韦娟.库里蒂巴快速公交对我国城市交通发展的借鉴意义[D].北京:北京交通大学,2007.

[123] 世界自然基金会.企业低碳领导力[M].北京:中信出版社,2010.

[124] CHEN X, BENJAAFAR S, ELOMRI A. The carbon-constrained EOQ [J]. Operations Research Letters, 2013, 41(2): 172-9.

[125] 刘卫东.我国低碳经济发展框架与科学基础[M].北京:商务印书馆,2010.

[126] 刘婧.我国节能与低碳的交易市场机制研究[M].上海:复旦大学出版社,2010.

[127] ABRELL J. Regulating CO_2 emissions of transportation in Europe:A CGE-analysis using market-based instruments[J]. Ssrn Electronic Journal,2010,15(4):235-239.

[128] LIAO C H,TSENG P H,LU C S. Comparing carbon dioxide emissions of trucking and intermodal container transport in Taiwan[J]. Transportation Research Part D Transport & Environment,2009,14(7):493-496.

[129] CHAABANE A,RAMUDHIN A,PAQUET M. Design of sustainable supply chains under the emission trading scheme[J]. International Journal of Production Economics,2012,135(1):37-49.

[130] WANG F,LAI X,SHI N. A multi-objective optimization for green supply chain network design[J]. Decision Support Systems,2011,51(2):262-269.

[131] GIAROLA S,SHAH N,BEZZO F. A comprehensive approach to the design of ethanol supply chains including carbon trading effects[J]. Bioresource Technology,2012,107(2):175-185.

[132] KIM N S,JANIC M,WEE G P V. The trade-off between CO_2 emissions and logistics costs based on multi-objective optimization[J]. Otb Research Institute,2009,45(2139):107-116.

[133] HUA G,CHENG T C E,WANG S. Managing carbon footprints in inventory management ☆[J]. International Journal of Production Economics,2011,132(132):178-185.

[134] 崔娥英,罗俊浩,季建华.碳税和碳交易环境下的物流网络设计问题研究[J].科技管理研究,2012,32(22):239-242.

[135] 廖伟,潘瑶,贺政纲,等.考虑碳交易的销售物流网络优化[J].统计与决策,2013,12:176-179.

[136] 何其超,胡列格,钱红波.基于多目标规划的低碳销售物流网络规划方法[J].系统工程,2013,7:37-43.

[137] 唐金环,戢守峰,朱宝琳.考虑碳配额差值的选址—路径—库存集成问题优化模型与算法[J].中国管理科学,2014,22(9):114-22.

[138] 杨涛.低碳经济下的多运输方式物流网络规划[J].陕西科技大学学报:自然科学版,2011,29(5):102-106.

[139] 章怡炯."汽车共享"破解超大城市出行难题[J].交通与港航,2015,2(3):17-18.

[140] 汪鸣泉.纯电动汽车共享推广可行性研究[J].交通与运输(学术版),2013(1):145-147.

[141] SEROT E,杨帆.电动汽车共享服务选址方法研究[J].上海汽车,2013(7):32-35+39.

[142] 丁晓华,王冕,陈岩,等.电动汽车共享商业模式的发展[J].科技导报,2016,34(6):105-110.

[143] 叶瑞克,朱方思宇,范非,等.电动汽车共享系统(EVSS)研究[J].自然辩证法研究,2015,31(7):76-80.

[144] 郭文莲,王鸿富.电动汽车共享租赁系统[J].黑龙江科技信息,2015(32):169-170.

[145] 刘颖琦,王静宇,Ari Kokko.电动汽车示范运营的政策与商业模式创新:全球经验及中国实践[J].中国软科学,2014(12):1-16.

[146] 殷旅江,王晓丹,熊自权.关于汽车共享服务的研究综述[J].科技创业月刊,2010,23(10):

98-100.

[147] 王新源.汽车共享的创新运营要素研究[J].长安大学学报(社会科学版),2013,15(4):39-44.

[148] 是伟刚.新能源汽车商业模式探究[J].上海汽车,2015(6):33-39+45.

[149] 肖湘宁.电动汽车充电基础设施规划中若干关键问题的探讨与建议[J].中国电力企业管理,2016(07):51-55.

[150] 张勇,蒲勇健,史乐峰.电动汽车充电基础设施建设与政府策略分析[J].中国软科学,2014(06):167-181.

[151] 王均文,胡正梁.国外、省外新能源汽车发展动态概览[J].山东经济战略研究,2010(11):9-15.

[152] 陈万吉,郭家强,尤可为,等.新能源汽车"十城千辆"示范运行节能减排效果预测[J].汽车与配件,2010(2):34-35.

[153] HAJIMIRAGHA A,CANIZARES C A,FOWLER M W,et al. Optimal Transition to Plug-In Hybrid Electric Vehicles in Ontario, Canada, Considering the Electricity-Grid Limitations[J]. Industrial Electronics,IEEE Transactions on,2010,57(2):690-701.

[154] PUTRUS G A,SUWANAPINGKARL P,JOHNSTON D,et al. Impact of electric vehicles on power distribution networks[C]. 2009 IEEE Vehicle Power and Propulsion Conference,2009:827-831.

[155] KANG J E,RECKER W W. An activity-based assessment of the potential impacts of plug-in hybrid electric vehicles on energy and emissions using 1-day travel data[J]. Transportation Research Part D: Transport and Environment,2009,14(8):541-556.

[156] 杨洪明,熊朋成,刘保平.插入式混合电动汽车充放电行为的概率分析[J].电力科学与技术学报,2010(3):8-12.

[157] 徐立中,杨光亚,许昭,等.电动汽车充电负荷对丹麦配电系统的影响[J].电力系统自动化,2011(14):18-23.

[158] 刘念,唐霄,段帅,等.考虑动力电池梯次利用的光伏换电站容量优化配置方法[J].中国电机工程学报,2013(4):34-44.

[159] 田立亭,史双龙,贾卓.电动汽车充电功率需求的统计学建模方法[J].电网技术,2010,34(11):126-130.

[160] 罗卓伟,胡泽春,宋永华,等.电动汽车充电负荷计算方法[J].电力系统自动化,2011(14):36-42.

[161] KEJUN Q,CHENGKE Z,ALLAN M,et al. Modeling of Load Demand Due to EV Battery Charging in Distribution Systems[J]. Power Systems,IEEE Transactions on,2011,26(2):802-810.

[162] 白高平.电动汽车充(放)电站规模化建设与电网适应性研究[D].北京:北京交通大学,2011.

[163] SMITH R,SHAHIDINEJAD S,BLAIR D,et al. Characterization of urban commuter driving profiles to optimize battery size in light-duty plug-in electric vehicles[J]. Transportation Research Part D: Transport and Environment,2011,16(3):218-224.

[164] DAVIES J,KURANI K S. Recharging behavior of households' plug-in hybrid electric vehicles[J]. Transportation Research Record:Journal of the Transportation Research Board,2010,2191(1):75-83.

[165] 王辉.电动汽车充电站规划与运营研究[D].杭州:浙江大学,2013.

[166] 韩笑.纯电动公交车充电站运营规划及仿真[D].北京:北京交通大学,2010.

[167] 鲁荞,周小兵,张维.国内外电动汽车充电设施发展状况研究[J].华中电力,2011(5):16-20.

[168] 辛建波,温宇宾,李睿.电动汽车规模应用对江西电网的影响分析[J].江西电力,2010(4):1-5.

[169] 王飞龙,孙凯航,李燕青.基于用户分类的电动汽车充电站需求预测[J].黑龙江电力,2013(2):132-134.

[170] MULLIGAN G F. Agglomeration and central place theory:a review of the literature[J]. International Regional Science Review,1984,9(1):1-42.

[171] 林成涛,仇斌,陈全世.电动汽车电池功率输入等效电路模型的比较研究[J].汽车工程,2006(3):229-234.

[172] 王震坡,孙逢春,林程.电动公交客车充电站容量需求预测与仿真[J].北京理工大学学报,2006(12):1061-1064.

[173] 何战勇.电动汽车充电站规划方法及运营模式研究[D].北京:北京交通大学,2012.

[174] 牛利勇.纯电动公交充电系统关键技术研究[D].北京:北京交通大学,2008.

[175] 国家统计局.中国统计年鉴2011[M].北京:中国统计出版社,2011.

[176] 林程.北理工电动客车及奥运电动客车研发介绍[J].商用汽车,2007(12):48-51.

[177] 朱超.电动公交车基础设施规划与行车优化问题研究[D].上海:同济大学,2013.

[178] 祝占元.电动汽车[M].河南:黄河水利出版社,2007.

[179] 黎林.纯电动汽车用锂电池管理系统的研究[D].北京:北京交通大学,2009.

[180] 杨军,解晶莹,王久林.化学电源测试原理与技术[M].北京:化学工业出版社,2006.

[181] 雷惊雷,张占军,吴立人,等.电动车、电动车用电源及其发展战略[J].电源技术,2001(1):40-46.

[182] 胡信国.动力电池进展[J].电池工业,2007(2):113-118.

[183] 张维戈.北京2008年奥运会电动车充电站规划及运营模式方案[J].变频器世界,2008(4):I26-I28.

[184] 王健,姜久春.电动汽车充电站信息管理系统的设计与实现[J].微计算机信息,2006(15):16-17.

[185] 王刚毅.城市常规公交线网优化研究[D].长沙:长沙理工大学,2012.

[186] 王炜,等.城市公共交通系统规划方法与管理技术[M].北京:科学出版社,2002.

[187] 张学炜.集成化的公交运营计划编制方法研究[D].北京:北京交通大学,2008.

[188] 孙传姣.快速公交调度优化研究[D].西安:长安大学,2008.

[189] 马丽乔.纯电动公交车充电站项目运营评估及投融资模式的研究[D].西安:西安建筑科技大学,2012.

[190] 高赐威,吴茜.电动汽车换电模式研究综述[J].电网技术,2013(4):891-898.

[191] 钱良国,郝永超,肖亚玲.锂离子等新型动力蓄电池成组应用技术和设备研究最新进展[J].机械工程学报,2009(2):2-11.